老师的10个对不起

简世明 著

重庆出版集团 重庆出版社

推荐序一

遇见一位名叫“老师”的好朋友

吴念真（台湾知名导演）

四五十年前念小学的孩子好像都接触过一本“课外读物”，书名叫《爱的教育》，也许当年乡下的小孩除了课本之外，可以读到的书不多，所以直到现在印象依然深刻。

书里的主角是一个意大利小学四年级的孩子，他用日记的方式记录他的家庭和学校生活，描绘他周遭的师长和朋友，以及平常日子里他所遇到的种种事件，和身边的人对这些事件的反应所带给他的感受。

直到现在始终记得的是，书里头那几个老师和父母的“样子”——那种以理解的态度和自然流露的爱去对待孩子（包括“坏”孩子）的样子。

记得，是因为书里的大人和当年我们所接触到的大多数严肃到令人“畏”而远之的父母和老师截然不同；书里的他们好像从没带教鞭上过课、从没大声责骂或打过小孩，他们还会跟小孩如同朋友聊天一般温柔地讲话，讲跟功课毫不相关的话，而那些话在让一个四年级的意大利小朋友"安列柯"深受感动，甚至因此得到启发和安抚、慰藉的同时，却也让一个正在阅读的台湾小孩感同身受。此外，正在阅读的他们甚至还多了一种感觉叫做"期待"——期待明天天亮的时候，他们的老师和父母都会变成书里头的那种"样子"。

当年读过那本书的孩子应该不少，而且多数的他们都早已成为别人的父母，或许也有许多人选择成为教育工作者，但，他们是否都因此成为自己曾经期待过的那种"样子"?

未必。

多数已然老去的我们都清楚，整个社会是由不同的个体所组成的，也都理解每个孩子都是一个独立的生命，都有不同的特质，未来也必将有不同的人生历程和选择，然而一旦面对自己的孩子或学生的时候，我们却很容易忘记，甚至不知不觉地以单一的评断标准要求他们成为那种我们所"期待"的人，而且理由通常只有非常专断的一个——我们是为你好!

自己在结婚之初就决定只要一个小孩，理由非常单纯：我知道做父母很难，因为"教育"很难。

我曾经认真地想过：自己都还是一个不断犯错、还在摸索人生的意义和方向、还对世界的未来充满疑惑、还需要随时"受教"的人，凭什么去"教育"一个跟你的性别、性格、兴趣甚至连成长背景都可能完全不同的人?

因为知道当父母很难，所以决定把孩子当成忘年之交一般的朋友，是彼此的人生路程上可以相互依赖、相互扶持的陪伴者；因为是朋友，所以没有阶级与成就区分的要求；因为是朋友，所以不存在压力或紧张关系；因为是朋友，所以在难免犯错的时候可以彼此谅解、彼此包容。

记得孩子拿到大学毕业证书的那个晚上，他走进书房拍拍我的肩膀说：从今天起，你可以少累一点啦；从今天起，你不用再给我零用钱。

我知道他的意思是从此他将独立，将为自己所选择的工作和生活负责了，所以我也很认真地跟他说：我也要谢谢你，谢谢你在过去的日子里没有给我们带来任何忧虑和负担。

之后我们像朋友一般地聊天，说他成长过程里的点点滴滴；他说他会想起一些老师，一些因为讲了或者带领他们做了一些与功课全然无关的事，但却让他终生难忘的老师。他说："我不一定记得那些赞美过我的成绩的老师，但却一直记得好几个在我犯了大错之后却选择原谅我的老师!"

我不否认当时自己几乎是热泪盈眶地看着那张已然是一个大人了的孩子的脸，不过让我感动的不是他的感性和真诚，而是觉得这个孩子何其有幸，在他竞争激烈的求学过程里，竟然遇到那么多我们不认识的，名字却都叫做"老师"的好朋友。

我不知道孩子的那些"朋友"到底做了哪些事、讲了哪些话，让他感动、受用，不过，你即将开始阅读的这本书不仅让我、也必将让你了解，让你同样感动、受用。

在读过《爱的教育》四五十年后的今天，一个台湾的老师以周记的方式记录了他教学过程中与许多朋友如何相处，如何彼此陪伴、依赖、谅解、包容的点点滴滴，而这些性格、兴趣、生活背景都全然不同的朋友，在他心里却有一个共同的名字，他们叫做“我们的孩子”。

推荐序二

曾经身为他的学生，我，很幸福！

朱学恒（《魔戒三部曲》的译者）

认识简老师，要从一封信开始。

2009 年 5 月 25 号上午，我的信箱收到一封信。这封信是一个南投的小学老师请我帮忙的信。如果认识我的人，大概就会知道，我的信箱这类信件还不少。不知道为什么，上自猫狗走失，下自笔纸被偷，都有人寄信到我这边来要求我伸出援手。

大部分我的处理方式很简单：不鸟它。甚至更多人知道的状况是本人心情特别不好的时候，我不但会把信件贴出来，而且有时候还会把对方臭骂一顿。

所以，你应该知道写信给我要冒多大的风险。

但我那天还是收到了这封光华国小寄来的信，而且我很清楚这封信件是对方自己一个字一个字打出来的。因为如果你敢发群组信给我又假装是针对个人的信，就算你是王文华（台湾作家——编者注）也会被我拿出来笑一顿。

所以，我必须要说，写这封信的简老师很够种。他为他的学生做了一件很危险的事情，而且这件事情不管怎么看，都对他一点好处也没有。因为他写了一封信给一个在社会上以异见多、爱骂人著称的家伙。而且他为了自己的学生，试着想要在毕业典礼中安插本来没有的段落，家长会觉得麻烦，行政人员会觉得啰嗦；而在现在的教育体系中，“不一样”是件很可怕的事情。“不一样”会造成别人的排挤，“不一样”会造成他人的麻烦，“不一样”会造成自己的麻烦。

所以，大部分的老师放弃了“不一样”，然后，他们的学生也跟着放弃了与众不同。

2009年，我在全省巡回演讲的听众人数超过七万人，这代表我大概垫了几百万下去（是的，超过一定人数的演讲，我是要自己垫钱出设备和工作人员的）。我去过上百所学校，遇过很多的学生和老师。

有叛逆的老师，有叛逆的学生；有放弃的老师，有放弃的学生。

我一直认为，要完成任何的事情，都有正确的方法和简单的方法。

我们当然知道，启发学生、鼓励学生，让学生找到可能的方向，是正确的方法。但是启发学生很辛苦，结果很难预料；鼓励学生要多费唇舌，谁又知道会不会有正向的回馈；让学生找到可能的方向得花费时间跟他一起探索，而且谁也无法保证最后会让学生找到真正的方向。

所以我们指挥学生，命令学生，告诉学生不上大学就没有未来。因为这样比较快，这样比较简单，因为做超出自己职务的工作又不会增加收入。因为这是简单的方法。

我遇过邀请讲师来学校之后自己却休假推给学生接待的老师，我也遇过千辛万苦说服整个学校调课希望给学生更多新知识的老师，我也遇过强力主张学习一定要很痛苦的老师，我也遇过一边抱怨资源不足，却连有演讲和活动都懒得告诉学生的校长。

我不相信每一个当老师的人当初都是为了过轻松的生活，我不相信当初每一个学生考入师范体系做这么辛苦的工作，都只是为了最后可以领到退休金、有寒暑假这样渺小卑微的愿望。我不相信每一个当老师的人，当初都没有怀抱着伟大的梦想，梦想着改变学生的未来，给予他们更好的人生和方向，成为一个值得尊敬的人物。

但是，但是，在那日复一日面对讲台下不同学生的枯燥讲课中，在那投注在每一个学生身上的关注却不见得获得回报的导师工作中，在那辛苦加班同事却会笑你不需要那么拼命的过程中，在那努力沟通却遭到家长恶言相向的挫折中……是在教师生涯的哪一个转折点，让你忘记了当年的热情？是在师生互动的哪一个挫折的瞬间，让你背弃了当年的理想？

简老师并没有伟大到哪里去。甚至，他每多花心力在一个学生身上，就可能有十个学生无暇分神照顾。但是，他跟大部分的人不一样的地方在于，他没有放弃。即使比较辛苦，即使结果难料，即使付出了可能还是没有回报，简老师还是没有放弃。

所以，我尊敬这样的人。

当时，在我的部落格（博客——编者注）贴出简老师的来信之后不久，一个读了国中，曾经被简老师教过的女生，在部落格上写了一篇文章，标题是：曾经身为他的学生，我，很幸福！

是的，你的付出和努力，学生都记得的。而这个十四岁学生所写的这短短的一句话，胜过社会上一万个知名人士的推荐，也远比我这篇文章来得更有意义，那句话，才是真正配得上简老师这本书的序。

自序

爱与生命的希望手记

给我那些已毕业的孩子们，这是为你们写的书。

当时你们年纪小，有些事情说了你们并不一定明了。而老师自己也很年轻，很多人生的起落也不曾体验。教书十八年，现在是时候了。

也许你们并不知道“老师”这个职业很单纯；也许你们没想过“老师”也跟所有的人一样只经历过自己的人生。所以当你们回学校来，向我请教一些“人生”的困惑时，我回答得很心虚，甚至有点唯唯诺诺。我怎么可能会知道读哪一所学校对你比较好？我怎么可能会知道读哪一个系所前途一片光明？老实说，我也只谈过一次恋爱，哪里理得清楚这些男女间暧昧又伤人的情愫？

我知道的不多。

别人的感受、热情与伤痛是不是都与我一样？站在讲台上，我常常想：我讲的东西自己相信吗？我不愿对着你们说谎。

老师不是天生的老师，我们也曾经是学生。当我是学生时，也一样对生命充满疑问，对周遭满是愤懑，一样对一切充满困惑。老师对我的“训诲”，我总是质疑、反抗、不放在心上。所以真正打动我的、真正改变我的，是一些发生在我身上的故事。是那些我遇到的“人”与“事”，渐渐地教会我认识生命的本质，让我终于知道：人要宽容，宽容让人有了回旋的余地；要尽责，尽责让人了无遗憾；要奉献，奉献让人发光发亮；要公平，公平的人不卑不亢；要尊重，懂得尊重的人知道如何原谅；要勇敢，勇敢让人明白何时该抵抗、何时该退让！

慢慢地我发现，小说是故事，戏剧是故事，卡通、广告都是。不同的媒介、不同的角度诉说着作者想要传达的意念。人生也是。我们在写着自己的故事，有的绚烂，有的晦暗，有的精彩万分，有的只是平淡。你想象中的人生是本绘本吗？简短却是意味深长。是小说吗？情节丰富而跌宕。或者是一部电影吧，那种都已经散场了，却还是坐在座位上，一直不愿离去的感动。

慢慢地我也发现，我写下的是什么。原来这几年来我写下了我的成长，记录着我对你们“爱与生命”的关怀。我原本不知道人生一世到底有何追求，现在发现这才是我一直在做的事，才是我一生要完成的事！这些美好的、小小的感动是我与我的学生们共同写下的“希望周记”。

你们长大了，不喜欢别人对你们说教，其实我也不喜欢别人对我啰啰嗦嗦。就把“我们的故事”说给大家听听吧。

给我一点时间。我有点老了，需要慢慢地回想……

目录

给孩子们的第三课　奉献

懂得奉献的人最快乐

给孩子们的第四课　公平

公平掌握在自己手里

目录

前言

首途

每年已经毕业了的孩子，总会在运动会时回来看我。

跟孩子们聊聊很是快活。他们会说说国中生活的甘苦，会吐吐升学压力下的苦水。然后，他们总是喟然轻叹：“最怀念的还是国小的生活啦！”是吗？这些小鬼、小丫头！我想你们可都忘了当时是如何地找我“麻烦”，让我伤透脑筋了！或许你们喜欢的是我让大家有个愉快的学习气氛，喜欢我凡事不小题大做……

但我不是一开始就是这个样子的啊！

大家不知道的是：几乎所有的国小老师都不是由他们的“老师”教会他们如何当老师的。因为大学的教授不是没教过国小，就是只教过几年就一路读书读到博士了，不然如何当“教授”呢？所以我们大都是当上老师之后，才学会如何当“老师”的。

你是一个怎样的老师，跟所处的“第一个”学校有绝对的关系！

我是 1991 年开始当老师的。“严管勤教”是当时教师行业的执业信条，“恨铁不成钢”是人人永志在胸的信念。不听话？当然是“痛扁”啦！尤其 1994 年从“海军陆战队退伍”后，训导学生当然更是凶悍。不过一件事改变了我的看法。

这是很多年前的事了。记忆中的“他”总是畏畏缩缩，脸上毫无表情。辅导记录本上一连串的记录，甚至还有偷盗的前科。那次一位小朋友丢了一整盒水彩，怎么找都找不到。我知道最后一节的体育课只有他回过教室喝水，当然他是不会承认的。当时的我怒气冲天，想当然地搜遍了全班，结果还是一无所获。所有小朋友都无辜地看着我，而且放学时间就快到了，生气又紧张，我的怒气都快提到天灵盖上了！

突然间灵光一闪，我想到教室旁的厕所。搜着搜着，搜到厕所的垃圾桶，找到了！整包的水彩以塑料袋包好藏在垃圾桶底下，想来小偷是打算明天趁人不注意再将赃物取出。

等我指出进入教室接着上厕所的只有他一人，这下他终于承认了，狂怒的我将他的书包从二楼丢到一楼，大声地呵斥他。奇怪的是，他的脸上依旧是漠然而毫无表情，既不是恐惧害怕、羞愧沮丧，也不是愤怒不平，总之就是不发一语，默然地承受一切。这种无关紧要的态度更是令人发狂，实在是差点就将他连书包一起丢下楼去！

那天晚上“照例”是要进行一场家庭访问的。满怀着怒气，我觉得一定要该学生的父母给我一个交代。因为他的偷窃行为已经太过分了，而他那种不屑的态度更是应该好好惩戒一番。

到达他家的时候，学生的父亲还在外工作未回，他母亲听完我的叙述（其实是告状）一直说：“等你爸回来，你就知道死活了！”而他一直站在一旁，维持着一贯冷漠的表情。

父亲一踏进家门看到老师在场很是讶异，等到清楚了事情的来龙去脉，我还在絮絮叨叨个不停，他突然站起身一把将儿子用力推向墙壁！

一缕鲜血从头上淌下来。他没有抗拒，没有伸手擦拭，甚至没有作声，脸上依旧是漠然而毫无表情。

吓了一大跳的我连忙拉住他父亲，就看着鲜血从他的额头一直流下来，一直流下来，滴滴答答地染渍了一大块的地板。

那天离开的时候，我一直帮我的学生求情，差点就要在他的身边跟他一起跪下了。

然后一切都有点改变了。我一直是“严管勤教”的啊！但“严管勤教”真的是学生需要的吗？

从那天起，我对那位学生完全改观。开始对他嘘寒问暖、加强辅导，但就是不敢问那天晚上我离开后又发生了什么事。

这就是我真正成为“你们的”老师的开始。

给孩子们的第一课

宽容

宽容，让一切无悔

许许多多的人谈到品格，他们会说真正重要的是“勤奋”、“诚信”或者“尊重”。但我独独重视“宽容”，宽容才是最重要的课题。没了宽容，就不知道什么是善意的谎言，盲目要求绝对的诚信；没了宽容，勤奋就变成了无止尽的压力和负担；而有了宽容，自然懂得发自内心的尊重。

也有许许多多的人教会我什么是“宽容”。

有时，宽容胜过责骂和处罚

国三时功课是最繁重的，记得当时一天十堂课，小考居然可以考到十二次，因为某几堂课上一开课就考，下课前再来个“回马枪”加考一回，真正是“烤”得人仰马翻、精疲力竭。

那一天上国文课，李云娇老师迟迟没有出现，班长传话要我们这一排男生的排头到办公室“应讯”。排头回来了，脸上的表情阴晴不定，然后回头“传旨”要下一个人接力前往。就这样一个接着一个，班上的气氛诡异到不行，大家面面相觑，不知道发生了什么事。

女生们的表情却是笃定中带着一丝丝的幸灾乐祸，想来她们是知道一点内情的。不过不需等多久，轮到我了。心中的担忧果然成真，这一排男生集体作弊的事终于东窗事发了。

国文老师一向相信我们，所以考卷总是由排头到排尾交换着批改，我们就借着这个机会“自助助人”，把正确答案填上。当然大家都一起过关了。但是同班的女生终究会发觉，于是一状告到老师那里去，因为这对她们来说当然是不公平的。

教我们国文的李老师很特别。她总是轻声细语、不疾不徐，身材高瘦的她常常皱着眉头，带着一点点忧郁的况味。最重要的是，她的考卷都不是时下流行的、外购的测验卷，而是她自己搜集资料，一笔一画“刻”钢板自行油印而来。（当时没有计算机也没有复印机啊！）

“唉，真是倒霉，那么多人作弊偏偏抓到我。”我们在心中哀叹着。

“其实一天考那么多张考卷，有谁能够统统准备好呢？毕竟大家都一样，一天只有二十四小时嘛！”我们在心中自我辩解着。

“考试！考试！那么多的考试，这是谁的错？能全部怪我们吗？”甚至心中还带着一丝丝的愤怒！

等了好久，李老师出现了。我不敢直视老师，只依稀记得当天她穿的是蓝色的裙子。心中还想着老师一定会“大发雷霆”，处罚、记过是免不了的，回家后该怎么向家长解释恐怕才是当下第一要务了。

李老师却不发一语，然后转身背对着我们轻轻啜泣，可以清楚看到她的双肩轻轻耸动着。

所有对于我们的责难似乎都隐藏在老师一头飘逸的长发里，时间也仿佛停止在老师的“啜泣”中。一切的自怨自艾、一切的借口都不知影踪，留下的只是深深的懊悔，流下的只是懊悔的眼泪！

老师终于转过身来，然后说：“打开课本第××页。”全班鸦雀无声，只剩还带着抽咽的老师讲课的声音，回荡在偌大的教室里。

这件事后来都没有人再提起过，没有责骂、没有处罚，只有李老师啜泣的身影深印在我的脑海里。

没有人……从此再也没有人作弊了！

只是轻轻啜泣，却是一个老师所能给予的最震撼的力量。

当上老师之后，我有一个“不良的恶习”。所有我出的考卷，都是自己在计算机前一字一句慢慢打出来的。有时候，一张考卷甚至要出上一星期。当然我知道上网“抓”题库就好了，这样出题最省事、最便利，但是我做不到，我会想起李老师刻着钢板的字迹。

信任，让人学会宽容

另一个老师，一样有关于作弊。

高中的国文班导同样姓李。教国文的都姓李，不知这跟李白有没有一点关系？老师的大名是李飞，没错，就是“小李飞刀”的李飞。

我就读的这所“和尚”学校虽然闻名遐迩，但是不可避免地也有着作弊的问题。当时学校流传着“七大名捕”的传说，据说一旦考试时运势太低撞上了“名捕”，那可是“火烧罟寮”——全无望了。因为这七位老师是出了名的铁面无私、明察秋毫，对作弊的同学又是深恶痛绝，所以监考的时候特别的仔细，想作弊的同学当然是没有下手的机会了。

事情刚好就发生在一位名捕的身上。那次老师把考卷发下后，接着发答案卷，但不知为什么多发了一张。坐在最后一位的我把多出来的一张答案卷往前传，然后就开始作答了。时间慢慢过去，突然间监考名捕像发现新大陆似的，愤怒又不免带点得意地大吼：“这是什么？”

这可真是怪了，那张多出来的答案卷，居然就这么大剌剌地躺在前一位同学与我的座位之间。看着名捕兴奋而扭曲的脸，我们两个人一下子都傻住了！

“说！快说！是谁作弊？”

啊，到底是要说些什么？说这张答案卷是谁藏起来的？当然不是我，而我的同学也坚持不承认。我们一致认为这是一个“神迹”！既然该张答案卷喜欢躺在地上，我们最好是尊重人家的选择，别去打扰它不是吗？

唉，可惜的是，名捕显然有不同的意见。他坚决主张“偷藏”起这张答案卷一定是有所图谋，就算卷子上一片空白，也一定是因为作弊者时间上不允许而尚未动作，这就叫做“作弊未遂犯”！白卷一纸，犯行昭昭，还有什么可说的？

两个倒霉的孩子拖着沉重的脚步被押解到训导处，两个人的卷子也被没收了。训导处一时间居然空无一人，监考老师回教室继续监考，留下不知所措的两个“现行犯”。我想问问同学干吗留下那张答案卷呢，话都还没出口，看到他望过来的眼神，就知道他根本也想问我同样的话。也许这真是个“神迹”，但只有我们俩相信有什么用。再过不久，我们就要成为献上祭坛的羔羊了！

高中成绩不好我承认，但我是无辜的，真是“冤枉啊大人”！监考老师为何会多出一张答案卷呢？这不是一人一张的吗？卷子又为何会躺在地上耍赖不肯回来？我想唯一的解释是，当我的同学下意识伸手接过卷子以后，马上专注于解题，忘了“它”的存在，所以它就溜到地板上准备给我们好看了。

时间分分秒秒地过去，待宰的羔羊心中很清楚，免不了又是处罚、记过。直到现在我还是很疑惑，明明大人们也是常常犯错的（而且往往都是“天大”的错），但是他们却义正词严地训斥学生，更不许学生辩驳，这到底是为什么？

终于，导师来了。她把我们带到中庭走廊问道：“怎么回事？”老师温和的口吻，显然不带责备的语气，真是让我们大大地舒了口气。

等到听完我们的叙述，她只说了句："好，我相信你们。"然后就离开了。她没有多问，没有怀疑，也没有交代"下次别这样了"，总共也不过说了以上两句话而已。

我跟我的同学都没有受到任何的处分。

谢谢李老师。因为你的信任，让我学会宽容地对待所有的人，更重要的是，宽容地去面对我的学生。也许还做得不够，但我也慢慢学会了承认自己的不足，宽容地面对自己。

不信任学生就等于不信任自己

真正的宽容蕴含着真正的"平等"，只有打从心底愿意与别人平起平坐的人，才能真正"高"出侪辈。但是人们往往认为"天地君亲师"是绝对的，学生当然应该对老师毕恭毕敬，因为老师不会出错，纵使老师有错，也总是东拉西扯、指东怪西，总归一句，是学生不专心的错。

老师不信任学生就等于不信任自己。因为学生是你们自己的"产品"，不是吗？最糟蹋师生之间的平等与信任的，莫过于"安全检查"了。

当然可以说是为了学生好而做这项检查，但是在执行上难道不能再人性化一点吗？记得高中时每次全校朝会升旗，如果所有的导师都突然消失不见，没有跟在班级的队伍后面，那准是在班上进行"安全检查"。因为当大家回到教室，就会看到所有人的书包、背包统统被倒出来，个人的东西全部被搜索一遍，完全没有一丝隐私可言。

不知为什么当时的我对这件事非常愤怒。老师们假“正义”之名行“管制”之实，连警察进入民宅都需要搜查证了，为什么可以对学生进行“不特定对象”的搜查？我们不是罪犯啊！

愤怒的青年决定展开报复。千万别小看年轻人的力量！基于个人是圣雄甘地的信徒，“非暴力抗争”是我们坚持的手段，所以“爱与和平”是最重要的啦！（其实是害怕把自己搞得退学，那可就不划算了！）

一开始先去买包香烟（虽然我从小到大都不抽烟），还指定要“烟酒公卖局”出品的“总统牌”硬壳黄色香烟。接着慢慢地从烟盒底部的塑料套接缝处轻轻挑开，把所有的香烟倒出来，再买一包森永牛奶糖装回去。这个部分是极具困难度的，想到自己居然能轻易完成，事隔多年，也不禁感动得潸然泪下。

嘿嘿嘿！这完美的犯罪计划已经完成了一半了，过程中才发现自己的手还满灵巧的嘛！接下来就是等待了。心情很复杂，整个人都在期待安全检查快点来吧。终于老师再一次地消失，没有跟在升旗队伍后面，检查开始了。这真是既紧张又刺激，因为这些日子我天天把“森永牌香烟”放在书包里，就为着这伟大的一刻！

训导处广播了：“高三××班，×××同学马上到训导处来！”口气是既急促又严峻的。在这个关键时刻就考验个人的功力了，千万要沉得住气，千万别露出马脚。教官严厉的眼神先扫了扫“贴”在墙壁上的一排人，发话了：“为什么要明知故犯？学校清清楚楚地规定了不该带的违禁品，你们就是不怕死，一定要试试看校规是吧？”排在我身边的大多是老烟枪，“悲怜上帝抽烟的儿女”，他们大多是陈年累犯了。

“你，你这个生面孔，什么时候不学好，也跟着人家学抽烟？”低调，这个时候的最高指导原则是绝对的低调。

“报告教官，我是冤枉的啊！”我用最最诚挚的眼神回应着。

“还敢狡辩！睁大眼睛仔细看这是什么？这就是从你的书包中搜出来的！”教官气得青筋浮起，希望他老人家没有心脏病才好。

“报告教官，这不是违禁品欤！”无辜的模样，请大人相信。

“还说不是违禁品，这不是香烟是什么？”冒牌香烟被用力丢到桌子上，用力地“瞪”着所有的人。

接下来就是绝对的“关键”与“经典”了，只见我好整以暇地走近桌子，轻轻地拿起烟盒，用最轻柔的声音说：“教官请看，这真的不是香烟啊！”

各位可以想象当烟盒打开，糖果一颗颗掉在桌上时的情景。

所有人瞪大眼睛，一副不可思议的表情。这些不怕死的“罪犯”忘了身陷囹圄，居然个个笑得岔了气，有的还在地上打滚！只有教官铁青着脸，可怜的老人家四顾茫然、渺无盟友，他应该是不知道该做何反应了。

最后教官说："你给我记住！"我在笑声中荣耀地走出训导处，背后传来一阵怒骂："笑什么笑！你们这群不知悔改的家伙……"

唉，保重了同学们。

这件事情很快就会传扬出去的，可怜的教官，他也算是个老好人啦，就是嗓门大了点。这下他的颜面何存？但教官毕竟是"专业人士"，隔了几天，他把我"请"去训导处，在刻意清场的办公室内，居然抽出一根香烟："来一根吗？"

"不，教官，我从不抽烟。"

"是吗？"教官自己倒抽起来了（当时校园禁烟令尚未颁布）。

"那你为何要大费周章这么做？"

"纯粹是不喜欢别人搜我的书包罢了。"我很坦白地说了。

教官笑了笑，"坦白说，我最不喜欢的就是搜你们的书包。"

从此，即使全班书包都被搜遍了，我的书包似乎从没被动过。

讲义气的教官，感谢您的宽容，您也是好样的！

你们的宽容让我终生难忘

人孰能无过？过则勿惮改就好。但如果在改过之前就被判了死刑呢？如果人们不再给他机会呢？

服役的时候我在左营，身处海军陆战队，那时就发生了一件攸关生死的事。

"一日陆战队，终生掉眼泪"，讲到当兵时的甘苦，每个男人都可以说上一箩筐吧。话说当时的部队不知为什么一直不补新兵，老兵退光了，整个营面临青黄不接的窘境。原本一天两班的卫哨根本排不出来，所有的人一直“贴”卫兵，站到腿都软了，最后居然到了“站俩歇幺”的地步——也就是一天之中不停地站哨，每站两小时休息一小时，所有吃饭、睡觉、洗澡、上厕所类的事情，统统得在休息的时间里解决。早上一样跑五千公尺，晚上一样操体能，伏地挺身一做就是好几百下，试问正常的人怎么受得了！

那天晚上，我与大学同学郭子又当班，站的是双哨，记得岗哨就在左营明德国小的对面。郭子是我大学体育系的同学，想不到我们当兵居然同是陆战队，下了部队又同营，但即使身体粗壮如他也已经抵受不住了。

按规定，应从半夜两点站到四点，但我们两个真的是“油尽灯枯”，在完全没有知觉的情况下睡着了，而且是呈大字状、“脱盔置枪”地睡在大马路上，真正是睡死了。在军中卫哨兵打瞌睡就已经是非常严重的事了，更何况睡得如此嚣张。再加上被军人视为第二生命的枪就这么搁在一旁，万一被摸走，那真的是必须面临“军法”审判“唯一死刑”了。

接近三点的时候，一辆私家车开近哨所，车子停在拒马（一种木制的可以移动的障碍器材——编者注）外，通常这个时候卫兵必须开探照灯、盘查身份、拉开拒马，然后放行。但是今晚显然有些异样，再怎么闪灯、按喇叭都看不到半个人影。我想该车的驾驶员一定是等了很久，最后只有下车步行到哨所前面，亲自拉开拒马。等我和郭子被摇醒时，吓出一身的冷汗，两支枪都已经到了人家的手里了。

郭子真是机灵，马上大大喊了声：“长官好！长官您的证件。”等到长官伸手掏证件时，站在一旁的我顺势帮长官将枪接了过来。一看证件，居然是一位海军的将军！二话不说将拒马推开，请长官通过。

将军也没说什么，只是在过哨时摇下车窗，叹了口气，对我俩说：“你们也真是辛苦了！”对身处陆战队天天累得像条狗的我们来说，脱盔置枪没被责骂还换来这一句问候，真是打从心底温暖了起来！

卫哨兵脱盔置枪睡死了，这在一般人的观念中是不可原谅的错误，这样的兵国家养来何用？将军可以处分我们，即使不是严厉的军法审判，关上个把月的禁闭应该也不是太过分。至少训斥一番总还是必要的吧！但是他没有这么做，也没有通知我们营上。即使在最严酷而没人性的军队中，他也展现了最宽容的一面，这个社会也才没有因此莫名其妙地失去两位国小老师。

千万别太执著于是非对错，计较于所谓的正义，要知道：没有了宽容，所谓的正义与“善意的伤害”没有什么不同！

提到陆战队就想起了副营长。我们的副营长姓马，通常副营长是不太管事的。

俗话说：只要肯熬，新兵总会变成老鸟。当上老鸟，世界仿佛就不同了，福利多、操练少，偶尔还可以对学弟吼一吼、叫一叫，真是天差地远。晚上下哨时觉得肚子饿了，还可以偷偷来碗泡面过过瘾，要是新兵，那就想都别想了。

有一晚下哨时，我肚子饿了，偏偏自己的泡面都已吃完，这时候最能彰显老兵的价值，自己撬开福利社自己拿，第二天再算账。当下拿了一碗蒜香珍肉阿 Q 桶面，这品牌附有一包大蒜包，一打开浓香四溢，多远都闻得到。

实在是我太不小心，什么泡面不吃，偏偏吃什么蒜香珍肉。当我正打开泡面满心欢喜地吃了没两口，背后有人出声了："干什么?"还没看见是什么人呢，我马上立正手贴好："报告是，长官!"

副营长慢慢踱到我的身前，瞅了一眼，他说："老了嘛！兵一当老，瞎搞胡搞！下哨不睡觉吃什么东西!"

小兵我浑身冒汗，不知所措。副营长终于又说话了："好，两个选择给你走，一是明天准备关禁闭吧，二是……"顿了一顿，接着说，"再帮我弄碗面来，要跟这碗一样香的知道吗?"

嗐！真是的，肚子饿了就早说嘛，吓得我一身汗。

副营长真是通情达理，真是宽容啊！不过副营长大概不知道蒜香珍肉就剩下那唯一的一碗了，但是长官交代的任务总要誓死完成，所以我送进副营长室的就是刚刚吃了一半的泡面!

对不起了，副营长。

宽容，让一切无悔

感谢在我成长过程中每一位师长对我展现的宽容。感谢你们愿意给予机会，等待我调皮的个性慢慢稳定，激越的灵魂缓缓沉静。现在我也是老师了，我不是资优生、模范生，所以我知道别的一路成绩优秀而当上老师的同业一直搞不懂的事，对学生也更多一分宽容。

小英是我的学生，她给我的第一印象十分惊艳，外表出众、身材高，白皙的皮肤、大大的眼眸，许多男同学的初恋大概都是被她“启蒙”的吧！

记得有次上课的时候，一进教室发现黑板居然没有擦干净，我说：“值日生咧？值日生睡着啦？”嘿！值日生还真是睡着了。我看到小英还趴在桌上“不省人事”中，但马上就有男同学二话不说，一个箭步窜上讲台，在大家的吆喝声中迅速擦起黑板，动作干净利落，生怕这个机会被别人抢走，她的超高人气由此可见一斑了。

但是，她实在是太迷糊了！很难以想象这样的美女却是天天迟到，而且作业常常迟交，上课时更是往往睡得不省人事，天天跟周公打交道。更可怕的是，她的成绩居然还不是普通的“优秀”！

上课的时候问她问题，这位小姐揉揉惺忪的睡眼道：“什么？老师，可不可以请你再问一遍？”小考居然可以考着考着就睡着了，考卷偷偷拿过来一检查，结果又是一百分，真是被她打败了！

面对这个令人傻眼的高徒，我还真是不知如何是好。一开始会要求这位小姐起码上学准时，上课别再睡觉，后来发现她的功课下课时就可以补好，成绩还“越睡越高”，真是奇了！

原来小英的父母双双在美商企业服务，他们实在太忙，小英上课时父母还在睡，半夜了父母才下班，小英的生活都是自己打理的。她的生活日夜颠倒，身旁又缺人照料，仔细想来实在是难为她了。

所以我不再要求她别迟到，别太离谱就好；回家后功课总是要写的，该写的都要补交。至于上课睡觉那就……至少别发出鼾声吧！这样想似乎是有点无奈，不过换个角度想，小英自此功课不曾缺交（字迹还很工整漂亮），而上课的内容显然不必听讲也可以理解，身为教师又有何求？毕业时，小英考上了资优班，身旁的同仁纷纷表示意外，只有我知道从不补习的她，是真正天资聪颖、真正有实力的。

当然，如果遇到另一位严格的教师，小英的待遇就不会是这样了。大多数的教育人员总是会在意规矩、纪律，对他们来说，我的做法应该是一种纵容。果然，进入国中就读，小英就踢到铁板了，国中的老师极力想要改造小英，希望引导她朝向“正常”的方向。可惜徒劳无功，师生的冲突愈演愈烈，小英的功课不如以往，上课对她来说已经是最可怕的梦魇!

这是我的错吗？我一直很内疚，是我的做法导致小英无法适应她的国中生活吗？

一个星期日，我到附近的市场吃早餐，刚好巧遇小英的父母，他们向我叙述了小英的困境。小英的老师非常认真、非常尽责，但是对小英来说，这一切都是压力的来源啊！我知道小英是不需鞭策的孩子，她是战斗型球员，平常懒懒散散，上了场自然就斗志昂扬。但是国中老师也有坚持，如果对小英如此放任，将如何管理其他学生？事情就此陷入无解的泥淖。

回家后，我久久不能沉静。这件事一直卡在心里，总该为我的学生做些什么，别让她孤立无援，所以我写了一封信——

小英：

这是一封迟来的信。我早该写的，在一年前，在第三市场遇到你正在买早餐的父母的时候。

只想告诉你，在我的心中，你是如此的优秀，如此的聪颖！这样的想法从来没有改变过。但是你要知道，我其实也是一个“怪咖”。我可以容忍天天迟到的你、堂堂打瞌睡恍神的你、作业迟交的你，别的老师却不一定能忍受。我知道你不需鞭策，只要在旁边“看着”，你会自己读书的。因为教育是要找出对每一个孩子最好的方法，即使方法并不相同！但你不能期待别人的想法都跟我们一样。对有些人来说，所有的人都该一样，因为这是“纪律”！有人破坏了纪律，这些人就不知该怎么办了！

我也曾经冲撞了很久，跟自己，跟别人。但我发现，这样改变不了环境，改变不了师长，所以只好改变自己。我不爱守规矩，最爱跟教官作对。所以我也付出了代价，高中的成绩就非常的差。这个结果我得自己承受，所有我讨厌的人，他们一定非常高兴地看着这个结果，他们会说：我早就料到了！一定是这样的，我知道。我痛恨我“知道”！

有些人是“逾”出框架之外的！但你不论走到哪里，框架永远存在。你要一直背着这个框架吗？过了好久，我才找到我自己的“自由”。千万别放弃，千万别怀疑，你有能力让讨厌你的人统统“跌破眼镜”！这样才是最甜蜜的“复仇”！

聪明如你，会知道我讲的道理。

我会永远为你加油！

你的老师　简世明

2007年10月17日

一直到国中基测（中考——编者注）结束，我才知道寄到学校的这封信（我遗失了她家的地址），小英居然没有收到，而小英也没考上第一志愿，这对身为资优生的她不啻是人生重重的一击！

2009年的8月，学生邀请我参加同学会，才有机会请小英的同班同学将这封信转交，终于在8月8日莫拉克台风袭击台湾的那一天，我见到了小英。她一直躲在离我最远的座位，似乎不敢靠近。然而这不是我的小英啊！外头的风雨交加，也比不上我心头的阴影！

同学会接近尾声，小丫头和小子们陆续告辞了。他们送给我一张大大的留言板，小英在上面写着：

> 老师，今天真的很开心，收到你的信的时候我真的很感动。看完后我思考了很久，也悟出很多道理。虽然迟了一点才收到，但我想并不会太迟。国中三年大概是我人生目前最低潮的一段时光，但是从现在开始我对自己的人生有了更多的想法，我想过不让自己后悔的人生，并对自己的选择负责！无论如何真的很感谢您，我很荣幸我是你的学生。

是雨吗？这大雨，雨刷再怎么用力工作，眼前还是一片朦胧。

宽容，让一切无悔。

给孩子们的第二课

尽责

责任，让我无法放弃

因为这是我的责任

今年（这里指2009年——编者注）是9·21地震十周年，当年我是全倒户。仓皇逃命，只保得一身，身外之物还陷在屋里，余震不断，连地下室的车子都来不及救出。第二天到了学校，幸好校舍完好，不过左侧围墙倾圮一片，将倒未倒的墙面威胁着隔墙的邻舍。

接下来几天，在找不到工人、机具的情形下，几位男老师拿着大锤将一两百公尺的围墙一寸寸地打掉，一面打还一面想着我的家、我那还未救出来的爱车，现在回想起来还真是心酸。

某个假日，我带孩子和学生到北投国小玩，洪聪明校长在那儿义务指导孩子扯铃。

那天，在平常练习的场地上有狗屎和纸屑，人人避之唯恐不及，没人主动处理。洪校长就叫学生去拿扫把、畚斗和沙子，亲自和学生一起把地上处理干净再集合说话。当时他忍不住说出了一段从未与人言的秘辛：

“9·21 地震时，我的学校永康国小受损严重，两三星期后余震仍是不停，第一天学生返校还不敢进教室，都是在走廊或民宅上课。巡视校园，厕所虽没倒，但墙壁瓷砖被强震震落掉入蹲式大便坑，每个便坑都被瓷砖塞住不通，堆积了许多‘黄金’，臭气熏天，难闻极了。附近是一家小商店，百姓也常进来借用厕所。老师忙着教学，工友忙着割草，我闲着没事，想想这事对我来讲并不难，小时候挑大便去田里当肥料是极平常的事，就找了个塑料袋把手套住，拿来水桶，一个个便坑清理起来，不出五分钟就做好了。处理‘黄金’的事不便也不愿张扬，至今没人知道。实际上，套上的塑料袋抓几次就破了，手是沾了许多‘黄金’在做。但很简单，用肥皂洗洗手就没事了。最臭的事还是要有人做呀！谁做？每个人每天都是臭的制造者呢！”

洪校长是我骑独轮车的启蒙老师，也是一位扯铃、陀螺、独轮车等等民俗体育的高手。他多年来担任民俗体育会理事长，推广民俗体育不遗余力，但是在我心中，这一件他认为的“小事”，却是最震撼我心。

姜福进校长的学校也是在 9·21 地震中全毁了，地震过后一阵子，很多学校都找到援建的单位，唯独这所位于布农族部落的学校无人认养。心急如焚的校长在筹建无门的情形下，找了许多宗教、社福团体，但都得不到响应。最后，姜校长硬着头皮写了一封信给素未谋面的台塑王永庆先生。没想到王先生一口答应，条件是他不要只出钱，而是整个学校要由台塑的团队承建。

学校盖好了，成为南投县最美丽的新地标。姜校长是一位书法兼金石名家，温文和煦的他有着长者的风范，但姜校长透露这是他从小到大第一次开口向人求助，虽然很难，但是他做到了。

我想，这是因为责任。

我服务的学校有一位曾平顺老师。担任事务组长的曾老师总是身先士卒，带领着总务处的工友们一起工作。待人和气、处世圆融的他还有一项令人称道的习惯，非常地爱惜物力。学校的公物损坏了，总是一修再修，舍不得丢，阶梯下的楼梯间堆满了废弃的清扫工具。

有一次，我看到曾老师正在楼梯口修理竹扫把，年纪一把的他将数支破旧的竹扫把拼凑成一支，一整个下午做得满头大汗，却是甘之如饴。

“顺伯，辛苦了，修理扫把是工友的工作，您何必如此认真?”

顺伯擦了擦汗，说：“我领老师的薪水，能够做工友的工作，我赚得可多了!”

如今顺伯退休了，他的话语却一直萦绕在我心里。

学校的那段围墙重新建好了。有时走到围墙边望望，是的，这也是我的责任。

我要你抬起头

教学十八年，年年都看得到孤独儿的影踪。这些孩子总是默默不语，安静地坐在教室角落里。没人跟他说话，没人跟他游戏。孤独儿有时候是男孩子，有时候是女孩子；他们有些科目成绩普通，更多时候成绩还不是普通地烂。

同学们会取笑他们，因为他们长得很胖、很矮、很黑，或者暴牙、口吃、肢障；可能是转学生，可能身上的衣服、鞋子总是破破旧旧，甚至只是因为有着一头天生的“米粉头”。

我知道同学们恶意地给他们取绰号，聚在一起说他们的八卦、造他们的谣；收簿子的时候，没人的簿子愿意与他们的簿子叠在一起；集合排队的时候，也没人愿意与他们排一起，大家总是刻意和他们保持着遥远的距离，仿佛孤独儿的身上有着恐怖的瘟疫。

我知道大家会故意做一些事，故意摸摸他们的文具，然后很夸张地大叫：“哎哟！好恶心！”远远地看见他们走过来，大家便很夸张地东躲西藏、改道而行。还曾经在厕所的便池里找到被恶意丢弃的作业簿，没人承认事情是他干的，但所有的人都在底下窃笑不已。

惩罚是无用的，暴行总在老师见不到的地方持续进行。苦口婆心的劝诫也终归无效，玩弄一个不会反抗的人，似乎是大家集体的、最大的乐趣。

我知道孤独儿终究学会冷漠；我知道他们终究学会退缩；我知道他们筑起一道拒绝别人的墙，躲进只有一个人、孤单的窝；我知道他们终究学会一切都不在意，当受到别人欺负的时候，只是默默承受，甚至还会微笑以对。

可是，你知道吗？你的微笑，让我多么的心碎。

可是，你知道吗？你的微笑，让我想起十六岁的自己，我也曾经是被戏谑、被看轻的对象啊！

可是，你知道吗？你的微笑，让我多么的自责，我该怎么做才对？

因为，你们那悲伤的眼神是那么令人难以忘记！

近一两年，我有机会到监狱补校、中辍生之家、少年辅育院义务指导独轮车。这些孩子学起车来又好又快，但是眼神中的愤怒依旧看得出来。为什么你们会进到这里？辅育院的姜老师告诉我，许多孩子在这里来来去去，越是早进来就越是离不开，最终会步入社会的边缘，加入犯罪的行列。这其中并不全是他们的错，是我们一路排挤，将他们挤进这里面来的。

我知道我们的学校，大概是为了聪明的人而建造的；我们的教材，总是固定的、为了考试而存在；我们的师长也总是要求我们成绩好，他们僵化了，想法很难更改。

可是，我要你们抬起头。

这些令人怜惜又痛心的孩子是有感觉的。所有的伤害不会随着时间消失，而是会给他们留下深深的烙印。作为一个老师，怎能对这些孩子视而不见？

小莉是一个典型的孤独、被排挤的孩子。胖胖的身材、迟缓的动作，永远是大家取笑的对象。我没有见过小莉的笑容，她也很少与人互动。成绩低下是当然的，最后我连上课都不敢请她回答问题了，因为无论题目多么简单，她只要一站起来便是深深地低下头，不发一语。我不能骂她，没时间等她，点到她作答，对她和对我而言，都是一种惩罚啊！

怎么办呢？大多数的人可能只是禁止别人欺侮她罢了。但这样的孩子严重缺乏自信，长大后我们要将她逼到什么地方去？其实小莉不笨的，我一直深深相信。但光是相信不能产生力量，我决定试试看。

那次月考前一天，我利用课余时间，私下将小莉找过来。

“来，坐下来，现在我们把这张考卷做完。”小莉似乎非常抗拒。

“我不会！我不可能会！”然后又是照例低下头来。

“没关系，把这张考卷做完，今天的回家功课你统统不用做。”

这样的交易似乎生效了。慢慢地，一题一题地讲解，小莉没有反应，不点头也不摇头。再拿一张空白考卷给她做，在心不甘情不愿、委屈兼拼命拖延的情况下，她终于做完了。

其实这是第二天的月考考卷，只是把题号弄乱，再把数字修改一下而已！

这算作弊吗？如果是，老天爷就归罪于我一人吧！

待月考成绩公布——

“小莉请站出来。”她像是受惊的小动物，手足无措地站到讲台前。

“小莉是这一次考试成绩最好的同学，她考了八十分！”

“哗”的一声，整个教室一下子炸了开来！

永远不及格的小莉？这怎么可能？接过考卷转过身的小莉，挺直了背脊，头抬得老高，她拿到了生平的第一张奖状——“月考最佳进步奖”。

但这还不够，小莉，我要你永永远远地抬起头！

那年的“光华芬芳录”，一班一个名额，我填的就是小莉。主办的辅导主任很快地找上我，因为别班的当选人名单上填的都是一连串辉煌的战绩，得过这个奖、那个奖，个个都是品学兼优、考试高手，独独小莉的推荐单上只填着：“认真勤奋，永不放弃！”

主任以为我在开玩笑，但在我的坚持下，小莉当选的单子就这么粘贴在中庭走廊的橱窗上，跟所有的模范学生排在一起。

同学们议论纷纷，但是我态度坚定，也不多做解释。小莉仍旧不发一语，直到几天后，才一个人偷偷到中庭走廊，大概是想亲眼看看自己的照片贴在橱窗上的样子……她站了足足十分钟，一整个下课的时间。我知道，我都知道，因为我就站在走道边，就站在离她不远处的后面。

小莉的成绩没有自此就突飞猛进、永远第一，那是电视上才会有的情节。但是，我很高兴听到小莉与其他同学的争辩声，她开始将其他同学无理的嘲笑顶回去，这大概是自盘古开天以来，第一次有老师看着学生吵架不但不生气，还欣喜若狂哩。

小莉一直没有跟我道过谢。我知道这不是她擅长的事。最近遇到她时，她已经就读某知名高职的餐饮科，希望成为一名出色的厨师。

你是我的责任。所有的学生都是。我尽责了吗?

要永远抬起头！你会看到在晴空的尽头处，就有彩虹！

转学生的奇迹

在我的心里一直有一个缺憾的区块。

从小因为父亲工作的关系，一直更换住所，记忆中我们搬了十二次家，这样辉煌的纪录大概无人能出其右了。理所当然的我也转过许多国小，最短的只待了一天。当时父亲考上基层特考，被分派到水里乡秀峰村当村干事，阿公希望我这第一个孙子留在身边就读南投市的国小，最后是母亲的坚持，她希望无论地方多么偏远，一家人一定要厮守在一起，所以我在平和国小只注册了一天，第二天就到秀峰国小报到。

之后随着父亲工作屡屡调换，再加上参加考试又获得及格，我便一路转学，一共转了五所学校。

转学生是很难有朋友的。初进入一个班级，老师盯着你的成绩记录本，看看你是好学生还是坏学生，猜想究竟是什么原因在原本的学校待不下去。同学们上下左右仔细地观察，仿佛被剥光了一样站在大家的面前。要应付不一样的功课、不一样的老师、不一样的校园文化；要抵抗老师的质疑、同学恶意的取绰号、小团体蓄意的排挤、对你一口乡下“台湾国语”的嘲笑。这些压力对一个国小的孩子而言，经历一次都嫌太沉重，何况重复了五次之多。

现在的我很难融入一个新的团体，很难与人建立新的、亲密的关系，不是孤芳自赏，而是我不知道何时又要经历别离！

记得国小将要毕业的时候，老师将我叫到一边，委婉地对我说：“根据成绩，你的分数应该是第一名，可是之前你就读的‘乡下’学校成绩较宽松，所以我们不予采计。你的毕业成绩要往后调个几名，了解吗?”

当然了解。老师这个决定是不得已的，为了所谓的“公平”。但我还是很难过，真的很难过，甚至不想参加毕业典礼。这些心情我从未向人提及，相信所有的转学生应该都有这样难堪的记忆吧！因此，我对转学生自然有着多一分的关注。

小婷在五年级时转入我的班级。转入的前一天，她的爸爸亲自莅临寒舍拜访，告知小婷的情况。小婷在原来的学校适应不良，更重要的是与她的级任导师几近“杠上”。小婷天天被罚跪，父亲去接她时，硬脾气的她还是跪在地上，就是赌气不肯起来。

小婷出现在班上时让我相当讶异，是个干干净净、非常出众的小美女啊！实在出乎原本的想象。但是不久我就知道了，小婷就像一只刺猬，对周遭充满怒气，随便看她一眼恐怕都会遭致反击。

“坐这边，小婷。跟大家打个招呼吧！”招呼是打了，不过是一个凶狠的卫生眼（翻白眼——编者注）。

“小婷念一下第五页。”

“我不要！”明摆着跟你挑衅来着。

但是没关系。孩子，我知道，我知道你所有的委屈。我知道你被打入害群之马的行列，因此所有的小朋友都有意无意地与你疏离，你没有支持、没有所属的团体，只有孤独地生活在自己的世界里。我知道你在考验着我，你不想再次被伤害，所以先筑起自我保护的藩篱。

我能做什么？其实我什么也没做，就只是从不对她发脾气。我在等待，等待一个契机。慢慢地，我晓得她开始有一些朋友了，对自己常常故意乱写作业而老师却不生气，也开始感到过意不去。凶狠的眼神渐渐变得柔和，虽然我讲了那么多的笑话，她还是紧抿双唇，就是不肯笑出来。时机自自然然地到来，我在班上讲起自己搬家十二次、转学五次的心境；每一次放下感情交到了好朋友，却总是要担心天下无不散的筵席。讲着讲着，终于，我等了那么久，那一颗原谅大人、原谅自己的眼泪缓缓地流下……

小婷的父亲很是感激。他说：“小婷完全变了一个人！从前对上学是完全的抗拒，现在是从接她回家的路上就一直叽叽喳喳个不停，报告着老师上课的每一则笑话，而且还巨细靡遗！”

小婷成为我的“小秘书”，帮我倒茶、擦桌子，工作得既认真又卖力。原来，她的性情和顺，待人客气，是如此优秀的孩子！

多年过去，我现在还偶尔到小婷家开的家庭餐厅聊聊天。

小婷，感谢你给我这个机会，弥补我身为转学生的遗憾！

有转入就有转出，总会有学生因为各种不得已的原因要离开你的羽翼。阿凯在我教了一年后，因为家庭的因素不得不与我们分离。先让大家一一向他献上祝福的话，写下联络的地址，相信以后必然会再相聚。但这样显然不够，我想表达的更多。

阿凯是一个活泼的孩子，但过度的好动会影响上课的进程，玩笑过度就会视规矩于无物。我用尽心思希望改变他，但是时间不够了，只有短短一年的缘分，所以我写了一封信给阿凯。

阿凯：

有一些事情很早就想对你说，又怕你不懂。怎知你突然要转学了！请你耐心听一听吧，这是最后叮咛的机会了！

现在的小朋友跟老师以前的时代真是不一样了。现在的你们讲究“敢秀才会红”，拼命在别人面前表现自己；至于秀得好不好，秀了什么东西，都不再是重点。只知道自己高兴便去做，出错了再来找理由。喜欢胡说八道、故意东拉西扯，逗得全班哈哈大笑！真正要发表看法时，却也是东拉西扯，没办法正经！

真的不知道自己该做些什么吗？真的不知道什么是对错吗？我看不见得。太在乎自己在群体中扮演的角色，其结果就是失去自己。你的世界无限宽广，你的未来有无限的可能（何况你那么聪明），为什么你的眼睛只看到周遭的人、物、事呢？

老师对你有无限的期许！如果我认为你根本没救了，基本上就懒得骂你。我希望在最短的时间内改变你，显然来不及了。

最近联考的成绩陆续公布了，今年我有学生参加大学联考，也有一届参加高中联考。但是结果都一样的！并不是国小时功课名列前茅的人就能获得好成绩，而是性格稳定、不焦不躁的人取得了这一阶段的胜利。他们之中有读台大、中正、中山、师大的；有读一中、女中、晓明音乐班的。希望他们的努力能给你更多的启示。

转学未尝不是一件好事，但应该建立在自我真诚的改变上。如果新的环境、新的学校只是逃离的借口，那你还是掌握不到成长的契机。

我也曾经犯过许多错，但我知道“它们”的位置，下一次我会迂回前进，小心不再碰触。你的例子老师也会记录下来，想一想有没有更好的办法。

时光流转，岁月不待！与其浪费时间为自己辩护，倒不如放远眼光培养自己！希望你在新的学校有更新的体悟、更大的进步！随时欢迎你回来看大家，有问题老师也乐于为你解答！

你的老师　敬上

我承认当时还年轻，对于阿凯，我表现得太心急，但当年的我怎么能明了“过急的改变”是压力？

在当年的教师节，阿凯回了封贺卡——他很好，新同学好，新老师也好，请大家不用担心。他不知道的是，我在“辅导记录本”中写了一段话给素未谋面的“新老师”（辅导记录是只有导师可以参阅的文件）。大概说阿凯是聪颖的学生，希望他多多照顾我的孩子，很显然他做到了。现在阿凯是他的孩子，他的“责任”了。

小雅是另一个中途离开我的小孩。她的成绩非常的优秀，自律严谨，自我要求很高，双眼中透露着慧黠的光芒，活泼机灵反应快，大概就是所有的老师梦寐以求的英才吧！

就算是英才，要离开了还是得让她离开。

那是9·21地震刚过不久，离别时刻终于到来，小雅表现得落落大方，一一跟大家道别，还邀请大家有空上台北找她玩。一切看起来是那么完美！一个月过去了，突然间接到小雅妈妈的一通电话，她说：“小雅希望再回到班上来，请老师收留流浪的小雅好吗?”

是怎么了?发生什么事了吗?但是小雅的妈妈强调一切正常,纯粹只想回来看看。

接下来的三天,小雅请了事假,专程回来。就像往常一样,坐在自己的座位上,她又跟我们上了三天的课,跟大家说着她在台北的遭遇,新奇的事物、不同的教材。整整三天才又再度离开。

然后,我接到小雅妈妈的来信——

简老师:

谢谢您收容了小雅,让她得以重回光华国小的怀抱。听小雅说您虽然家园毁了,身兼数职,重建家园、校园……依然乐观开朗、谈笑风生,这是非常难得的生活态度,对学生而言也是最宝贵最积极的身教,很幸运也很感谢小雅能受到您的熏陶。

其实,当时最让我迟迟无法决定是否让小雅转来台北的原因,并不是生活上的问题,最难割舍的竟是不愿放弃上帝对小雅的恩宠——恩师。您的人生观深深影响了小雅,使她变得较洒脱、较开朗,我们由衷地感激您!

从小到大,我最替小雅感到忧心的是——不懂得珍惜!小雅比一般的小朋友更不会珍惜贵重的物品,更不懂得珍惜情感与缘分。就像这次徘徊在转学与否的路口时,小雅最在乎的竟然是“省主席奖”,而师生、同学之间的情谊,竟是她自认可以轻易承受的部分，颇让我痛心了好一阵子。两个月以来，我非常注意她每天的适应情形，几乎可以说没有任何适应缓冲期。从开学第一天回来就已经差不多认识了全班同学，功课也很好。老师说，班上同学已经强烈感受到小雅的厉害了，还在第一次的恳亲会中公开对小雅赞赏有加……我们以为她就此安定下来了，谁知，她突然在10月27日的生活小记上写着：我要回南投，回去看看学校、看看老师、看看同学……详问之下，才知道这已酝酿很久了。我好感动，我觉得对小雅而言，这是很值得鼓励的情怀，于是匆匆地作了决定。满怀祝福地送她踏上“流浪”之旅，但我知道，她是不会回来了，她是属于光华六年×班的。

今天晚上，我们终于有空聊聊她回光华的生活点滴。她首先是兴高采烈地描述寄宿、寄读的乐趣，老师的幽默，同学的热情……渐渐谈到全班同学免费请她吃营养午餐……再说到这三天忙着签毕业纪念册，送她礼物……说着说着她眼中已泛着泪水，最后语带哽咽地说，在东×国小，她常常不自觉地开始写起全班同学的名字；每次上羽球课，看到球拍上贴着“五年×班洪×雅”的名牌，就更加地想念老师、同学们；每天看到蔡老师就想起简老师……然后再也忍不住地躲到被窝里哭了。

今天，我只能抱着小雅让她先哭一场，并答应她，先睡一觉，这两天再好好考虑转回光华的可行性。我目前唯一可以确认的是，在台北，生活上、课业上，小雅都没有不适应的问题，而且她也遇到了号称“东×国小最好的老师”，只是，我还无法厘清的是：是否小雅真的较懂事了？较懂得珍惜感情了？或者，思念总是在分手后？再几个月她就要毕业了，我是应该尊重她的意愿，让她重回光华温暖的“窝”，抑或是规劝她，天下没有不散的筵席，七个月后终究是要毕业的，又何须朝朝暮暮呢……

在这个世界上，除了父母以外，就是简老师您最了解小雅了，恳请老师给予宝贵的意见。早日决定，让她飘荡驿动的心，迅速回归定位，谢谢！

小雅的妈妈　敬上

1999 年 11 月 2 日凌晨 01：30

这封信我保存了十年，现在翻出来，仍旧像当年初次阅读时一样，泪水决堤。我很傻，真的傻。总是对学生倾注了真挚的情感，而不能自已。小雅，你离开的时候，我也是那么的怅然若失，那么的难过，你知道吗？

小雅的妈妈与女儿之间的情感真是令人动容啊！

地震后一片荒芜，她终究选择待在台北完成学业。很多年未联络了，不知道现在过得如何？

转学生是我最挂心的责任，你们总在我心底深处，最柔软的地方！

和自己赛跑的人

高中时我的成绩相当的不好，这点我自己相当明了。因为不努力，吊车尾的成绩当然考不到好学校。所以重考了一年，这算是很丢脸的事吧！

高四那年是最苍凉的回忆。苍白的墙、苍白的试卷、苍白的脸，外加苍白的成绩。生活中的一切都只是为了那该死的考试，考上了前途无“量”，考不好前途无“亮”。真是凭什么将所有的都一分为二，就只是靠几张不起眼的卷子？

抱怨归抱怨，还是得努力一番。读得累了，就只有听听歌吧。刚好电台播放《和自己赛跑的人》，不经意地钻进我的耳里。这首歌所有四五年级的朋友都有记忆吧，这是李宗盛写给滚石唱片经理张培仁先生的歌。张培仁当年大学考了五次都没上，而李宗盛也把五专读成了医学院。

和自己赛跑的人（词\曲：李宗盛）

亲爱的蓝迪　我的弟弟
你很少赢过别人　但是这一次你超越自己
虽然在你离开学校的时候

所有的人都认为你不会有出息
你却没有因此怨天尤人　自暴自弃
我知道你不在意
因为许多不切实际的鼓励
大都是来自酒肉朋友或者远房亲戚
人有时候需要一点点刺激
最常见的就是你的女友离你而去
人有时候需要一点点打击
你我都曾经不只一次的留级
在那时候　我们身边
都有一卡车的难题
不知道成功的意义　就在超越自己
我们都是和自己赛跑的人
为了更好的未来
拼命努力　争取一种意义非凡的胜利
我们都是和自己赛跑的人
为了更好的明天
拼命努力　前方没有终点
奋斗永不停息

很感动，很震撼，好像写到了我的心坎上。我就读于第一名的明星高中，却是以最后一名毕业。我的老师、同学大概都当我是个笑话吧。他们现在都是医生、教授、工程师，从来没有人认为我会有出息，连我自己也是！

为什么李宗盛可以那样写进我的心坎里？回首来时路，当时的蹒跚脚步，一步步都那么辛苦，有谁来分担我的孤独？

那天，我突然发现一向活泼好动的珊珊下课不出去玩，上课也不笑。

“珊珊，你怎么了？”奇怪，最近珊珊并没有出现什么异状啊！几经询问，珊珊终于说出她就读高中的姐姐功课不佳，将被学校留级了。一时间，《和自己赛跑的人》这首歌又钻进我的脑海里。

原来你也遇到同样的困境、同样的问题。那天晚上，我开着车到珊珊的家，珊珊的妈妈吓了一大跳问道：“珊珊怎么了吗？”

“没有，我是来找珊珊的姐姐的啊！”

姐姐在楼上，可是不管妈妈如何呼喊，她就是不下来。

当然不下来，有谁能坦然面对这样的难堪？

“没关系，我只是想送给她一片CD，第八首，陪伴我度过最黑暗的高中时期。希望对她有所帮助。”总共没待上五分钟。她妈妈送我离开的时候，满脸的泪痕。

开出车子，关上车窗，我也已强忍不住泪水。终于，我也向自己人生最难堪的一段告别！

几天后，姐姐托珊珊转来一封信，她已经决定不转学，要面对自己不用功而留级的后果。这可是需要相当的勇气的！

如今，姐姐已经顺利毕业，也考上了知名的大学。

我们都是和自己赛跑的人，为了更好的未来，拼命努力，争取一种意义非凡的胜利！

难忘的毕业留言

每个人多少都有自己的脾性、自己的风格。有的老师生性爱整洁，教室务必要一尘不染，入门要穿拖鞋，只要发现哪里脏乱，就会浑身不对劲先骂个一顿再说；也有天生懒骨的人，属于“眼不见为净”这个族群，譬如在下、敝人、我，就是一个。

教学上也是。有的人一丝不苟，循着进度“一步一脚印”，踢着“正步”往前走。我就比较随性了，上课其实不用课本的。这几年教授自然科，在暑假的时候就把各个版本拿来比较一番，然后来个“大杂烩”，汇集各家之言，再加上本人独特之见解，所以上课用的是“简氏家语”——自己的笔记。不过，我倒是坚持学生抄笔记，一方面训练专注的程度，一方面学习提炼整理的技巧。哎，说实话，祖师爷——孔子当年述而不作，《论语》这本书不就是孔子学生的笔记？

连做实验我都很有自己的风格。上“简单机械”这个单元，我们带队到附近的儿童乐园上，秋千即是“单摆”，滑梯可讲“斜面”，而跷跷板不就是“杠杆原理”吗？

“摩擦力”这个单元，书商设计让小朋友推着玩具小车在板子上走，这小车往往不堪，折磨三两下就挂点了。学生一路玩着，哪里知道什么是摩擦力？所以我想了个办法，把车开到学校中庭，放空挡，让学生来推我的车，这下什么是“最大静摩擦”、“动摩擦”便一目了然了。车上多坐几个人大家就推得气喘吁吁，他就知道这跟“重量”很有关系……

了解质量与重量的不同，请大家坐上学校专门送午餐餐车的电梯。看到电梯一动，磅秤指针跟着动，小朋友们印象深刻，原来重量不是一成不变的。带小朋友到操场上绕圈圈，他们便会了解什么是“科氏力”，有关台风逆时针转、高气压顺时针转等问题，不用死背，一下子就清楚明了了。大家排成一排玩玩大风吹，吹个几次，就会晓得“电”要围成圆圈、形成通路方能通电；会晓得为什么单一电子跑得慢，电流却跑得那么快；也会清楚“交流电”与“直流电”到底是在说些什么东西。

教到“遗传”，我让他们穿上运动会大队接力时的背心，四种颜色代表 A—T，C—G，几个人排成一排，其他人要排出对应的那一排。几次下来，DNA 的双螺旋结构、DNA 如何复制，便会清清楚楚深印脑海中。

要了解“板块运动”，就要从大陆漂移学说下手，玩个“盘古大陆拼图”效果既好且快！

上自然课其实很愉快。常常有已经毕业的学生回来报告：“老师，国中的教授内容很多你都提过了，很简单啊！”显然他们也学得很愉快，这就是身为老师的成就感了。

每年到了毕业季，小朋友都会向老师要求签一下毕业留言。

就连这种事，我也有独特的风格、独特的坚持。小朋友的留言单上常常印有星座、血型、偶像等等，这些我是一概不签的。留言就留言，别变成数据库了。但要我的留言，一定得等个几天。因为我不会写个诸如“学如逆水行舟，不进则退”这样泛常的话，而通常是针对孩子的状况多所鼓励，有时是抒发心中的离情。人人从我手中拿到的都是不一样的版本——

给××：

我是不易的港湾　停泊蓄势待发的帆
当南风吹起　再会
所有的小船
哪里都去不了　一个逐渐老去的港
目送　就请扬帆
一直到达心中梦想的地方

你的老师　敬上

这是其中一篇，送给一位可爱的小女孩。他们的离去每年都会在我心中留下印痕，就像树木的年轮，一年年、一圈圈、一层层。

小杰是另一个让我难忘的孩子。资质优异却行为不羁，身材高瘦的他，上课总是张开两腿斜靠在实验桌上斜眼看你。他是大哥领导小集团，专跟导师对抗，但是他也请我写下一些留言——

给小杰：

我教你声、光、电、力、热，

我教你各种原理、原则。

我教你要诚恳、认真、幽默！

我想身为你的老师，“我的成绩单”是及格的。

现在轮到你了，

若干年后你要让我看到什么样的成绩单？

要记得你是我见过最聪颖的小朋友，

我等着那一天，

等你发光、发热！

你的老师　敬上

拿到我的留言，小杰没有说什么，默默转身就走。

学校有一个传统，在毕业典礼最后，所有的老师在礼堂外排成两排送所有的毕业生，并跟他们握握手。小杰走过来了，酷酷的他没有流泪、没有表情，可是到了我的面前时，他突然停下来对我说：“老师，我会永远记得你为我写的毕业留言。我会有最好的成绩单的。”

几年前看到补习班的宣传单，我知道他考上第一志愿的高中。成绩不是唯一，但我看到你的努力。

小杰！好好填上你的成绩单！

幸福的岗哨

对一个老师来说，教学不可能是我们工作的全部，每个人多少都兼一点行政工作，这个部分是很烦人的。

我的行政工作被分派在“生活教育组”，隶属于学务处（训导处），每天七点左右就要到学校看着学生上学。这工作持续了四年，枯燥乏味的工作竟也让我找出趣味来。

开小车的不一定是妈妈，也可能是个“型男”爸爸；从三千CC 的大家伙走出来的却是娇小的女士。

有的人匆匆忙忙，孩子一下车，马上就走了；有的会牵着孩子的手，走到校门口再跟孩子抱抱，并说“祝你有个愉快的一天”。满脸胡碴的汉子有个漂亮可人的女儿，小小个子的母亲对着长得比她还高的儿子数落……

学校旁的樟树大道上，每天上演的是真实的生活。有的家长没戴安全帽，一眼看到我，马上闪闪躲躲；也有认识多年的家长热情地招呼，慰劳我们的辛苦。

那天校长要求我写一张“交通倡导单”。虽然只是例行性工作，但是我想何必要“条列式地说”，请各位家长不要这样、不要那样，否则会受罚，会如何如何……

于是我写了一篇很不一样的“交通倡导单”。

幸福的岗哨

班级：　　　　　姓名：

清晨的校门是我执勤的岗哨。每天都会看到孩子们陆续上学校，开了车门，整理一下衣装，跟爸妈说再见，然后展开一天的生活。有的父母会亲自带孩子进教室，有的会站在学校对面，望啊望，直到看不见小小的身影，这才满意地离开。我总是带着微笑，默默看着。

清晨的曙光点点滴滴都是爱的味道。

所以我忍不住，要对您再一次小小地唠叨。爱是保护，爱也是教导！如果我们忍得住，不为了赶时间而车停校门、红线停车、逆向停车、马路中停车，一定戴安全帽，孩子们会懂得坚持做对的事，这真的很重要。如果我们记得打方向灯、不随意回转、耐心等待，孩子会知道尊重他人与尊重自己中间其实是等号。然后放手的时间来到，就尽量让他自己走吧！同样身为人父，我能感受您心中的煎熬，但总要慢慢放开他的手，让他自己走进学校。勇敢的雏鸟，才能顺利离巢！

谢谢您！让我们再一次为每个孩子的平安祈祷！

如果您有同感，请签下对孩子爱的记号：　　　（请签名）

哨兵：生活教育组简××　学务主任：陈××　校长：陈××

同样地，学生的安全也是我们的责任，虽然有时很辛苦。

为了爱，我们不会推托！

讲故事，推阅读

这天看卡通《火影忍者》，看着、看着“上忍老师阿斯玛”死了，他居然死了。作者何其不仁，让我伤心了一整天。我承认我的性格中有“自来也”不羁的一面，有时蛮劲一来，也会像“鸣人”一样，跟同仁、上司激烈争执，但我最欣赏的还是阿斯玛，他是最循循善诱、最像老师的人，可以随随便便，可以出丑露乖，这都不是重点。只要能达到目的便勇往直前，因为光是装酷耍帅不是阿斯玛的风格，也不是我的。

虽然我教的是自然科，上课时却常常跟小朋友谈谈卡通，因为这是最贴近他们的方式。大道理一训，小朋友都睡着了，一提到《海贼王》则个个兴奋不已，精神都来了！不过，不只是讨论剧情而已，我会问大家“空岛”可能存在吗？存在的条件是什么（跟浮力有关）？“青雉”的冰碰上“火拳艾斯”的火，谁会赢（跟热力学有关）？“索隆”可以一剑砍开钢铁是怎么做到的（跟硬度有关）？如果你有“空岛”的“风贝”与“冲击贝”，你会拿来做什么（思考与创意）？“神艾涅尔”是个讨厌的家伙，但却是教“电学”的最佳材料。

这些问话一出口，小朋友的讨论可热烈了，往往会耗去许多时间，甚至影响进度。

但——去它的进度吧！

有时课本内的零碎知识，可能还不及下面的问题重要："《海贼王》的角色中你最喜欢谁？"女生多半喜欢乔巴，男生喜欢鲁夫、索隆，我则是喜欢骗人布。

"骗人布？哈哈！老师喜欢长鼻子！"骗人布是人，没有吃过"恶魔果实"的平凡人，他也没有遇上名师，学会像索隆、香吉士一般的盖世武功，他只是一个凡人。

面对敌人的时候，其他人表现得很勇敢，这我相信，因为他们都有超能力或武功可恃，只有骗人布临上场时总是畏缩、害怕，恨不得马上逃离。但请仔细想想看，他有哪一场战役不是亲自参与，面对危难时他有没有放弃自己的伙伴？相反地，他运用自己的智慧发明道具，往往反败为胜，救了同伴也救了自己。

"害怕、很害怕，但该上的时候，还是要硬着头皮上，这才叫做勇敢！"

看到骗人布为了心爱的船"梅莉号"跟鲁夫决裂，有哪一个血性汉子能不掉泪？

然后我看到学生脸上若有所悟的表情。别小看卡通，卡通蕴含大道理，端看老师如何使用而已。延续着"害怕与勇敢"的主题，下一次就可以开始谈谈"埃德蒙邓迪斯"了，大仲马如何安排他在死牢中的十几年，然后越狱、复仇。千万别把故事讲完了，学生会自己去看的。

这就是了。从卡通到书本，似乎浑不相干，但道理一样。学生都是爱听故事的，卡通是故事，广告是故事，书本也是。故事讲得好，才最重要。从最贴近的卡通、漫画出发，一直到绘本、小说，才能一步步引导大家进入文学的领域。

阅读不是数量比赛，比谁读得多、读得快，读得多的最厉害，然后叫学生写“读后心得”，这样搞法会把学生的胃口全部败坏。

阅读是一种好习惯，别变成了一门新的学科，成为学生们新的压力！

学生的感受是很直接的。学校要求他们写心得，写得真是烦透了，就有人对我说：“老是让我们写心得，怎么不见老师们写一篇来瞧瞧？”

没错，我这个人就是受不得人家激！何况还是我的学生。

所以下面是我的读书心得，关于林语堂写的《苏东坡传》。

八月杂感

明·唐寅《桃花庵歌》

桃花坞里桃花庵，桃花庵下桃花仙。
桃花仙人种桃树，又摘桃花换酒钱。
酒醒只在花前坐，酒醉还来花下眠。
半醉半醒日复日，花落花开年复年。
但愿老死花酒间，不愿鞠躬车马前。

尽责

车尘马足显者事，酒盏花枝隐士缘。

若将显者比隐士，一在平地一在天。

若将花酒比车马，彼何碌碌我何闲。

别人笑我太疯癫，我笑他人看不穿。

不见五陵豪杰墓，无花无酒锄作田。

近来重读林语堂写的《苏东坡传》。

大家都以为风流才子苏东坡，一生必然是缤纷多彩的；其实他屡遭贬谪，为政敌迫害而仅免于难。

东坡居士虽是一生跌宕，但嵚崎磊落的胸怀，千载之下犹熠熠生光。

突然间想起唐伯虎五十四岁时见东坡真迹：“年强半百苦日无多”。一时间触动心境，归家遂一病不起。

六如居士亦是如此。四大才子之首，号称“九美团圆”，《唐伯虎点秋香》更是传唱百年，脍炙人口。

谁知道，其实唐寅的妻子嫌家中清贫，早早下堂求去。而年老力衰不堪作画之后，竟然是靠祝枝山、文征明等友人不时接济，方能度过残生。

一时间，也触动了我的心境。

东坡、六如、林语堂……谁躲过了生命的脆弱与摧残？

不世出的大豪如此，俗子凡夫情何以堪！

今年的八月，几个台风接连肆虐，心情荫翳不开。

眼见又到了新一学期的开始，日落月升，年复一年。

常听得人说："时间过得真快，数十年如一日啊!"

对我来说，这样的说法不只是感慨，简直是可怕的诅咒。

但是八月还是做了新的尝试：到社寮国中演讲阅读。

不过也有遗憾：未读的书，未练的车，讲好了却一直未动手的创作。

一晃眼也近半百，宁不惊惧？

到底我想做什么？我能做什么？

心中总有一个苍凉不曾补足的区块。

"别人笑我太疯癫，我笑他人看不穿。"

吾虽不疯癫，但又何曾看穿？

六如居士恐怕也看不太穿吧？

不然他心中触动的是何种心境呢？

写下的是"年届不惑"的心境，学生应该不太懂得。但是何妨？在班上读着自己的短文，全班一片静默，窗外五色鸟的声音不时地传来。

孩子们，我也触动了你们的心境吗？跟我讨论一下吧。

给孩子们的第三课

奉献

懂得奉献的人最快乐

撒下奉献的种子

考上师范学院是人生的一大转折。所有的同学闻知我即将前往台东就读，并且在四年后“为人师表”，莫不捧腹大笑，纷纷劝诫我莫要“毁”人不倦就好。在他们的眼中，一向不爱守规矩的人却要成为“规矩的捍卫者”，这实在是太吊诡了！

如果他们知道今天我还担任学务处生活教育组的职务，专司学生的生活细节、常规礼仪，一定会仰天长叹：“此何人欤？苍天！苍天！”说实话，有时自己训小朋友的话，怎么听着、听着越来越熟悉，真像是当年老师、教官面对我时的大篇训词。所以说，历史是会重演的，古人诚不欺我也！

小时候的作文题目“我的志愿”，忘了大家都写些什么，只记得一大票女生像说好了似的，全部写将来想当老师，只见老师颔首微笑，很是满意，而我竟在文中写到：“做什么都好，就是不想当老师！”老师问：“当老师有什么不好？”我也答不出来，我想不受羁縻的心应该是与生俱来的。

高中时，有一次老师发下作文题目“自由命题”，然后因为有公事便转身离开。几分钟后，老师回来了，全班同学奋笔疾书，只听见纸笔声沙沙作响，老师便悄声而入，在同学身边慢慢观察一番。走着走着到了我的身旁，她指着我的作文簿说：

“这位同学，你显然误会题目了。”

“没有啊！”

老师耐心地解释：“自由命题是指你可以随便找一个喜欢的题目自由发挥，并不是就把‘自由命题’这四个字当成题目！”

我也耐心解释道：“既然是自由寻找命题、自由发挥，那‘自由命题’这四个字不也是选项之一？不也是可以拿来大作一番文章的？”这下换老师愣住了。她不再说话，就站在旁边看我怎么“自由命题”一番。

可惜当年的笔墨没想到留下，就此散佚了！依稀记得文中提到人生皆苦，人世一遭有许多的桎梏缠身，欲觅得真正的自由谈何容易？通常是造物丢下命题，人人拼命应付，拼命作答，哪有“自由”一次的时机！生年不满百、常怀千岁忧，哪里寻觅真正的自由？又如果真有那么一天，老天爷大发慈悲让人们选择自己的人生，那你会选择什么？这可是“大哉问”，足以让人想上老半天，想到血压升高、血糖降低，想到失眠兼便秘……当年我才高一啊！却有这样的想法，是幸？是不幸？

时光荏苒，如今我小儿子常问我：“爸爸，如果你是火影忍者，你会想拥有哪一样忍术？”

唉，我一样是想不出来，想到失眠兼便秘！

怀着不情不愿的心来到学校报到，台东当时还很荒凉，没有公交车，没有什么娱乐场所（最近烧毁的大同戏院，倒是有我许多美好回忆），但最棒的是，台东有的是好山、好水、好景致。同学中自有榜样，人人努力打工赚钱，我也买了超炫的摩托车，从此驰骋在台东的山水之间，悠游来去，好不自在。但好景不长、得意忘形，这些老生常谈也是正确的，果然就在台东市区与一辆小客车相撞，发生车祸，我整个人被高高抛起，摔在对方的引擎盖上。还好只是肋骨裂开，没多久就痊愈了。

2007年我偶然从电视上得知，当年医治我的台东基督教医院因为老旧不堪将被重建，怀着一颗感恩的心，我寄上小额捐款，并写了一封信寄给东基。

敬启者：

那是1988年至1989年间的事了。当时的台东没有便捷的大众交通工具，甚至连红绿灯都不多吧！在台东读书的我们自然买了摩托车，驰骋在台东的山水之间。年少轻狂，飙起车来自然也是不慢！那一天，我经过台东市区，路旁芦苇高耸、视线不清，突然窜出的一辆小客车将我抛得老高，最后我撞在引擎盖上。

送到贵院时，一位明显是外籍的医生为我看诊。医生说肋骨裂开了，幸运的是不用开刀，会自然愈合。松了一口气的我，随口问了医生，怎么会漂洋过海到台湾来？医师转过头来，带着一抹微笑说："病人都是一样的！上帝叫我来，我就来了！"

我一时间愣住了，久久说不出话来。当时的自己为了大学考坏了，又被逼到鸟不生蛋的台东来读书，心中总是积聚一股怨气。医生一句"上帝叫我来，我就来了"却是轻描淡写，似乎原本就该如此啊！

二十年过去了，医生的话一直萦绕在我心里！它让我有能量去面对人生的挑战。

听到东基改建的消息，我心中悸动不已！仅奉献一点捐款，希望能帮得上忙。也以此文向东基致谢，感谢各位为这块土地所做的一切！我知道这不可能了，但我真心希望能对那位医生说，我也是一样的，会朝着需要我的地方，一直、一直走去！

祝东基改建顺利成功

简世明　敬上

1996年10月30日

当年的外籍医生是哪一位？就是鼎鼎大名的谭维义医师吗？我已不复记忆，倒是像信中所说的，这位医生轻描淡写的一句话，就似醍醐灌顶让我顿时清醒。原本自怨自艾的心情一扫而空，慢慢才接受现实，并且开始准备当一名老师。像谭医师这样的人真是“天使”，放弃了本国优渥的生活、崇高的社会地位，却自愿到一个完全陌生、荒僻的异乡国度，而且一来便是奉献了一生！我不能理解的事，这位天使在片刻间为我作了解答！

人追寻的自由是什么？“造物施加于人身”的桎梏又是什么？放弃了种种自由、自愿来到台东的谭医师是一个作茧自缚的傻瓜吗？我想不是的，他想告诉我们——唯有因着奉献，方能得到真正的自由。他为台东募款、买地、盖医院，并且行医一生，造福无数后山同胞，心中应该是无所缺憾、喜乐无限的！

2008年暑假我去造访一位大学同学，他一见面便嚷嚷着：“你有一篇文章在网络上对不对？”我实在丈二金刚摸不着脑袋，“有吗？”立刻上google查了一下，原来东基将我的来信放入该院院刊《一粒麦子》的十二月号里，并且加上文题“上帝叫我来，我就来了！”。

有些事道理明确，可是再聪明的人还是沉溺其中，永远想不通。但是，如果有一个人活生生地在眼前示范，那么一切不需言诠，自会了然！

谢谢东基，谢谢谭医师，也谢谢母校的老师，你们如此尽心地照顾我们这些“负笈异乡”的游子，这番用心如今才能明了。

原来往事真的并不如烟，此时此刻一一袭上心头！

祝福大家，祝福东基改建顺利！

无限的爱与耐心

在南投有一位奇特的医师，他的门诊病患不多，往往不需要太多的等候。到了候诊间，便看到一位大概是国中或高中的小朋友，乖乖地在一旁桌子做着功课，每当患者结束看诊的空当，便拿着题本进入诊间问医师问题。这可真是奇了，没见过兼开补习班的诊所啊！

某一次看诊，又见到候诊间有另一位小朋友，又是静静地做着功课。按捺不住心中的疑惑，我终于向马医师询问：“这是您的小孩吗？”想来父亲重视教育，便把孩子拴在身边以利教导，这也在情理之中。

马医师笑笑说：“也算是吧！”也算是？这是什么答案？“其实我这里是‘废弃资源’再生工厂，这些孩子是我的实验品。”

接着他尽力地为我解释，原来他夫人在教育界工作，常见到许多适应不良的孩子。马医师坚信不是他们笨，只是找不到好的方法而已。这些别人眼中的“朽木”，却是他心中的大好“材料”，他决意要将这些小朋友搜集起来“雕琢成人”。

“成效如何呢？”

医师掩不住得意的笑：“这已经是我所经营的‘星光四班’了，前三班的孩子大放异彩，还有考上某知名大学医技系的case！”

是该欣喜，抑或汗颜？马医师根本不是老师，也未受过教材、教法的训练，却凭借着一股热忱，将这些几近报废的孩子调教成材，身为教师的我们将置身何地？

马医师的桌子上总是摆着高中的数学、理化课本，他的方法也没有什么神奇、特异之处："只是一题一题耐心地教到他们懂吧！"原来，耐心方是教学成败的关键！

另一位医师，另一个动人的故事——林医师是我高中的学长，也是我太太的"家长"，他常常到学校为小朋友讲故事，带着他的宝贝：鲨鱼、恐龙等等动物的化石或牙齿。

看诊的时候，我发现林医生的诊所永远在桌上摆放着一张母亲卡，日日月月、岁岁年年。不是母亲节的日子里，这张贺卡特别的显眼。

"这张贺卡有什么特殊的意义吗？它好像摆了很久很久了。"

林医生拿起了贺卡："其实已经换了十几张了。每年的母亲节换一次，一张摆一年啊！"

原来有一个小朋友找到林医师的诊所，他的母亲因为不堪忍受家暴而逃离了。孩子是那么地想念她的母亲，可是母亲没有留下只言片语，人海茫茫，一位小朋友要如何寻找母亲？小朋友却依稀记得妈妈曾经带着他来林医师的诊所看诊，他天真地想：也许妈妈有一天会再出现，会再一次找林医师看牙齿。这是唯一表达的机会，小小的心愿："妈妈，你会来看病吗？你会看到我的贺卡、我的思念!”每张卡片上写满小朋友热切的渴望，哪怕只是一眼也好，一眼也好啊!

这位失去母爱的孩子在医师的鼓励下，坚强地活了下来，他打工赚钱供养自己，一年一年过去，他大学都毕业了，却还是年年换新的卡片，但母亲却始终没有出现。这是一个悲伤的故事——爱的故事。林医师逢人就说起这个故事，也许哪一天这位母亲无意中听到了，她会来拿起这些年来无人闻问的贺卡……

两位医师与我们印象中的医生很不一样，想是他们拥有异于常人、柔软的心肠。

但望每一张爱的卡片都能送达，这世界再无遗憾!

独轮车的美好与坚持

现在看来，独轮车是一切改变的起点，从这里往前望去，原来我走了这么远的距离。到了中年吧，人自然会有一种蠢动。过往已矣，茫茫未来，想要抓住什么也可能彷徨无力。

想要学独轮车，因为那天突然看到一位小朋友骑着独轮车在校园中穿梭，这显然不是我们的学生，因为他完全不理会我。不知到底是为了什么，我也想像他一样骑着独轮车，自由自在的，所以“恬不知耻”的我跑到新庄国小参加他们暑假的独轮车营队，对于我这样的傻瓜，相信新庄国小校长与教练洪聪明校长都感到很困扰吧。

整整四天夹在一群小朋友中间，跟大家一起练习、一起摔车。会参加“小朋友的营队”与大家一起学习的，我大概算是县内第一人，小朋友看到我摔车可开心得很啦！“原来老师也是笨手笨脚的嘛！”他们比我多练了一段时间，所以都可以扶着栏杆自由地前进，我却一连四天“挂”在栏杆上挣扎。

四天过去了，为了展示决心，我请洪校长替我订购一辆车，心想：有了自己的车，就一定要驯服它！向亚历山大大帝看齐！虽然大帝征服的是只野马，双方的志向明显有点差距。可是事与愿违，在没有人教、自行摸索的情况下，一个人在司令台的围墙边扶着骑了一个月，还是骑不出去。这又是人生的一大挫败啊！原本不擅长音乐、不懂美术、不会书法，连打电动游戏都不会的我，还幻想着骑着独轮车时众人欣羡的目光，但显然希望是破灭了。该死的亚历山大大帝，还有他该死的马！

七个月后，事情有了转机，还发生在我洗澡洗到一半时。当时内人突然大声叫我：“赶快来看电视！”原来电视正播出卢苏伟少保官带着信望爱学园的孩子，进行独轮车环岛一周的壮举。顶着一头湿润的头发，心中的斗志却再度被激发起来。如果这些小朋友都可以骑车环岛一周，凭什么我却学不会？这次我一定要学会，好好等着被我驯服吧！

于是我改变方针，以往是躲起来“偷偷练”，就怕被大家知道很不好意思。这次采取完全相反的策略，只要有空当，就在“众目睽睽”之下练习骑车，给自己一个非学会不可的压力。心想如果学不会，以后怎么有脸在课堂上大谈做事要积极、千万别随便放弃？

小朋友们起初非常感兴趣地围在我身边指指点点，时间一长，发现老是一直摔车也变不出个什么名堂，纷纷离我而去。还有一些同事和小区的爷爷、妈妈们非常的热心，提供非常“专业”的建议：“独轮车就是平衡嘛，没什么了不起。你要骑快点，‘敢死’就学得快了！”不过他们说这句话的时候，通常站得离我远远的。

苦心人天不负，我终于骑出去了！一时间真像征服了一个大帝国般的踌躇满志。虽然横跨了七八个月才学会，但是骑在车上的感觉真是过瘾极了。接着，我在整个校园巡回演出，连下课上厕所都要骑着车去，小朋友在我的身后追着跑，他们可比我还兴奋呢！同事和小区的爷爷、妈妈们见到了，也对着我喊：“啊！你学会了！”

我终于可以淡淡地说：“哎，不过就是平衡罢了！”

许多老师也开始感兴趣，当然这与我的“广告词”相当有诱惑力也有绝对的关系，我总是告诉女同事们：学独轮车可以丰胸、细腰兼缩臀！在短时间内，又有四五位女老师学会了骑独轮车，其中还包括我太太。

此外，志中老师绝对是最重要的徒弟，他短短两个星期就学会了，而且被激发了无穷的兴趣，光是骑已经不能满足了。我们一起练习学会后退、离座前推、离座后推、单脚前进、勾踏上、自杀跳上等等技巧。暑假期间开始开班授徒，办起暑期育乐营，只要一点点的勇气与小小的坚持，大家来骑车，骑车很快乐！

学会骑车后我便开始与志中老师到处溜达、到处探索。先是挑战猫罗溪的堤防道十公里的距离，完成后，兴奋的我写了一篇《独轮进行曲》以资纪念——

独轮进行曲

有一些事总让人弄不明白！

就像为什么广告中说吃蚵仔煎居然要“加蛋不加蚵仔(牡蛎——编者注)”？

为什么汽车广告里的驾驶员总是神采飞扬、神情愉悦？

我却老是堵在车阵里，动弹不得、身心疲惫？

我不知道。

就像——

每一个人小时候总是先骑着加了辅助轮的小脚踏车，

慢慢地，辅助轮会被拆掉的。

四减一；然后三再减一。

大家都学会骑“两轮”的“脚踏车”。

或者：铁马、自行车、孔明车、自转车……

但是学会骑“两轮”之后，大家就停了。

人人都学会了加法，改开“四轮”的汽车。

我们不一样。

我们想再拆掉一个！

骑一个轮子就好。

我们想再回味一下吧！

就像当初拆掉辅助轮，第一次骑“两轮车”的喜悦。

大家可以接受吗？独轮车，还有独轮车的喜悦！

然后我们就上路了！

没有装备。更简单，更great！

独轮车的速度是很慢的。

显然无法一天骑上几十公里。

但，有什么需要快的理由？那你去开车不就好了！

就一路晃荡吧！

骑在猫罗溪的堤防上，蜿蜒的自行车道，引领着我们。

有点好奇、有点迷惑，

这条柏油路，偷偷地瞅着；

就像我们在路上遇到的路人。

也许在心中盘算：“他们能骑多远啊？”

还是小朋友最热情，他们会大叫：“独轮车！”

有一位欧吉桑，手上还握着把青菜；

站在他的田畦，向着我们大喊：

给孩子们的第三课
奉献

“啊你们是马戏团的吼？啥咪时阵欲表演？”

“紧啦！到时阵爱来捧场啊！”我们笑着回答。

2007年的大年初二，到了集集镇。

骑着独轮车迎新年！

几百个人排着队，等着坐“汤姆士小火车”。

看到我们经过，所有的人都行注目礼！

一位时髦的姑娘，对着他的情郎娇嗔：

“我不要租脚踏车，我要骑那个！”

这个男孩就尴尬了！

独轮车是没有把手的。

你得把背脊挺起来；把脸，也抬起来！

直接迎向吹着你的风；迎向前方未知的等待。

我们是骑不上高山的，老实说。

所以攻顶的满足，从来不是我们的追逐。

我们是更自在的一群。

一定要骑到某一个“困难”的标的吗？

“记得”目的地好，“不记得了”也好！

真的，一定要骑到某一个“困难”的标的吗？

在下一个路口；

“向左”好，“向右”更棒！

不需“山巅海湄”。

只是想更自由地亲近这片土地；

亲近这片土地上的人们。

心在“世间”外；

不离“市间”游。

我、我们，还有独轮车。

有了这次的经验，我们的野心更大了，连续挑战了“虎头埤”环湖、“东丰铁马道”，还参加县府办的“铁马惊骑”，骑过集集镇到中寮乡的山路。照例回来后我又写了一篇文章，这次我们遇上了现任“行政院”院长吴敦义，特别跟他合照，还坐上副县长的专属座车，真是一趟惊奇之旅！

铁马惊骑（独轮车版）

集集到中寮山路之旅纪实　　　2007年11月17日

上午06：00

到底哪一个借口比较好？实在难以决定啊！我昨天练车扭到？这几天感冒还没好，头还有点昏呢！或者干脆说：我早上“烙赛”（拉肚子——编者注），去不了！真烦！集集到中寮，来回二十公里的山路，光想着就脚软了！真不该一时“赌强”，接受甫宪的怂恿，挑战独轮车！

奉献

上午 06：30

志中倒真是准时，一早就来接我了。年轻人一副兴致勃勃的样！唉！舍命陪君子了！

上午 07：20

到了集集。人很多。可见喜欢骑自行车的疯子还真不少。等到把后车厢的 26（26 英寸独轮车）“撇”出来，所有人的目光一下集中过来！

“独轮车耶！”心情有点 high，不过想到那么远的路，还是忐忑不安！

上午 08：30

甫宪一家人、惠钧、朝嘉都到了。看来没人打退堂鼓。拼了！出发。

上午 08：35

出发不久，还未出集集镇呢，我就掉下车了！糗啊！

上午 09：00

天气很好。一直掉车。尤其是爬坡道时，这是毅力与体力的双重考验！

上午 09：20

有车友开始回程了！真的假的？他们向我举起大拇指，一声声加油，鼓舞并温暖了我的心！还有车友拿起手机对着我拍了起来，我尽量配合，撑着别跌下来！

上午 09：30

志中、甫宪两架独轮车早就跑到前面去了！年轻真好。我老人家，汗流浃背、两腿发酸，但，为了男子汉的“气魄”，我一定要骑到底！

上午 09：40

仿佛已到了极限！疲惫不堪。与路旁的交管义工合照，谢谢他们的付出！

上午 10：00

路边民宅的阿嬷（奶奶——编者注）说：“少年耶！你有够厉害！”只是笑了笑，我没力气回应了。十二年前我也是英勇的海军陆战队队员啊！岁月何尝饶过人？

上午 10：10

下坡路段。独轮车是没有煞车的，全靠脚踏控制。看着别人从我身旁轻松地呼啸而过，我却要战战兢兢、一步一步骑下山，凄凉啊！

上午 10：20

惠钧、朝嘉是好人啊！小两口骑着脚踏车一直在我身旁，不离不弃，生怕我出事。祝福他们早谐鸳盟、白首到老、早生贵子……

上午 10：30

……

上午 10：34

远远的，我看到终点的气球招牌了！

上午 10：35

天啊！我做到了！独轮车挑战集集到中寮的十公里山路！

番外篇：

大家评估了一回，觉得没力气再骑回集集了。人人公推我厚着脸皮去拦车。看到一辆车正要出发，一敲车窗，才发现南投县副县长正坐在里面！呃……尴尬了！

结果是我们坐着副县长的专车回程到集集！副县长，你也是好人的啦！劳力（闽南语，谢谢的意思——编者注）！

阿里阿多（日语“谢谢”的音译——编者注）！

现在骑独轮车对我们而言是没有问题了，可是有一个声音在心里呼喊着：“我要更好！学会更多的动作！”还有一个梦想：希望能把骑独轮车的快乐带给更多的人，但是我们必须练得更强、更厉害！

练着、练着，那天我在日志上写着：

领悟　　　　2007年8月5日

最近都不敢填日志了！

一直苦练“推座前进”，却是不得要领。那天回家才发现两大腿内侧都是乌青一片，原来我老了，学习的速度渐渐变慢了！别人一下子就学会的动作，我却要不停地练习、练习、再练习！

积聚的情绪越来越多。那天重重地把车摔向天空，车子跌落在地面的刹那，我却有了更深的“领悟”。

子曰：四十而不惑。不是不再有困惑的事，而是不再“困”于人生的种种“疑惑”。

是非对错，调解移挪。这些都很厌烦了！只有在练车的当下，我才会那么在意“我自己”的不足。这样的心情是从来没有过的。

推起车子。腾旋、跃跳、盘桓、汗水。

给孩子们的第三课
奉献

今天第一次，“推座前进”成功了！

我们知道时机成熟了，现在是付诸行动的时候。所以我毛遂自荐，写了一封信寄到少年辅育院。

院长：

您好！

我们是一群国小老师，同时也是“独轮车的爱好者”。两年前开始接触独轮车，一开始是不停地、不停地摔车，经过一番努力，终于学会了！现在我们无师自通学会许多自创的动作，更拿下南投县教师组的一、二、三名。

在这个学习的历程中，深深地觉得，独轮车所费不多，不需要特殊、宽广的场地，更是随时随地都可以练习。推广骑车的同时，我们发现孩子学会了：从事任何事，需要的是一点点的坚持加上小小的勇气！更重要的是，孩子脸上散发出来的自信的神采！

许多不喜欢读书、调皮捣蛋的孩子，学车之后都有长足的进步，这是我们感到相当欣慰的。所以我们想到：何不将独轮车的好处推广出去？既然要推出去，自然就要将车骑到最需要的地方！

据我们所知，在板桥有一位卢苏伟观护人已经开始这项工作了。如果得到您的首肯，希望能为辅育院的孩子尽一点力量。我们所会的不多，但诚恳地想与大家分享！

祝院务顺利平安

南投光华国小教师

2007年的暑假，每个礼拜三在辅育院教孩子们骑独轮车，教了近两个月，很高兴看到他们的成长，其实也是提供我们奉献的机会。

辅育院的老师说："这群犯错的少年总是来来去去，越早进来就越是深陷其中，终至不可自拔。"在这过程中，我看到其中一位学员练得特别勤奋，于是当众对他大声说："你好棒！你很有天分！"结果在休息空当，这位小朋友靠过来，轻轻对我说："教练，从小到大，从没有人对我说过'你很棒'！"结训时，我特地请他们吃冰"棒"，有些孩子已经快要忘记吃冰的滋味了。

之后我们指导过新竹的诚正中学（少年监狱的补校）、救世军中辍生之家，又积极地到各个国小教授骑独轮车，较远的有开三个钟头的车到台北县曲尺国小广兴分校，台中乌厝国小，彰化培英国小、香田国小，云林樟湖国小，台南开元国小，较近的有南投清水国小、新丰国小、永和国小。我们风尘仆仆，到处乱跑啊！有的课程有些微车马费，大多数则是义务帮忙。

印象最深刻的是清水国小，主任坦白说没有经费，结果我们回程的时候载满了当地的特产：一整车的香蕉！二林镇香田国小的热情也是令人永生难忘的，每天课程结束时，不是收到当地的特产"煎饺"，就是名产"炸粿"。

而后又接到一个邀约，是彰化二水的源泉国小为了配合“夜光天使点灯计划”，帮助那些弱势的孩子，让他们有人陪着做功课，有人给他们晚餐吃，再学一些才艺，譬如独轮车。听到这样的计划，我与志中欣然参加！想不到课程结束了，讲师还得写一篇教学心得。还记得到源泉国小教车的最后一天，天上的金星与弯弯的弦月组成了一个温暖的“笑脸”，高高地挂在空中，是老天想跟我们诉说些什么吗？

夜光天使点灯计划

每一次从二水回家，就见到路旁有一连串的灯笼。那灯笼定定地蜿蜒在人车稀少的乡道中，稀微的灯光却明确地指引了方向，仿佛在说：“别紧张，跟着我走就对了！”

很高兴来源泉国小教车，你们很聪明，学得很快。虽然摔车是难免的，但有了学会驰骋的喜悦，这一切都是值得的。

然后你会知道，人生也是一样的。我们一直在工作、家庭、自我的要求中跌跌撞撞，一直努力求取平衡，当然包括一直摔倒。但只有坚持不放弃的人，能够领略骑上车的骄傲与美好。

谢谢大家给我这个机会，谢谢！

简世明

2008 年 12 月 30 日

* * * * * *

寂静的黑夜，校园里传出阵阵的嬉笑声。

一群需要关怀照顾的孩子，正开心地展开一场冒险之旅！

从没想过只是自己感兴趣玩的独轮车，

有一天能派上用场帮助别人，而且还看见

天空中十几年难得出现的“微笑的脸”！

愿我这一盏小灯，能照亮孩子前方的路。

志中

2008年12月30日

很多孩子没有资源，很多孩子得到没有关爱的眼神。我们来吧！别人忽略的就让我们来努力吧！接着我们要去彰化大村国中教一些中辍生骑车，希望让他们了解“一点点的坚持加上小小的勇气”，将对未来的人生产生莫大的帮助！

也谢谢所有与我一起四处教车的伙伴，尤其是志中老师，相信我们所做的奉献是绝对有意义的。我的心中有深深的感触，实在不吐不快啊！

谢谢所有的伙伴！

其实太多事情都是意料之外的。原本一路走来，不过是随处逛逛，这里瞧瞧、那里看看，没想到这一次，我却写下自己的故事。

我想我学会了：“别对生命轻忽，哪怕是别人不屑的事，只要走过够长的路，翻过那座山岭，就能看到别人看不到的——繁花似锦的幽谷！”

谢谢大家，我真的好快乐！

善待生命

书教久了，有时会与家长成为莫逆的朋友，魏先生一家就是如此。魏先生是个特别的人，在山上买了一块地，有这样的一大片土地，大多数人会盖一所大大的豪宅庄园，或者当做豪华民宿做生意，但魏先生宁可将情感放在环保议题上，种上光腊树，全区都拿来养独角仙。

每年五月左右就会接到魏先生的邀约，到他的“山居”赏独角仙。看独角仙要一大早出发，因为它的活动时间都在清晨，它们在清晨时觅食，也在清晨的时候交配。能够亲眼见到独角仙在眼前吸食树液、交尾，小朋友都兴奋得很，追着独角仙满园子跑。而魏先生总是非常好客地招待我们，尽心为新来的朋友解说。说他是一位致力于环保的“独角仙达人”一点也不为过。

魏太太——刘秀菁老师就另有兴趣与专长了。她对台语情有独钟，也有非常强烈的使命感，希望能传承“妈妈说的话”，所以她参加了“教育部”的台语老师检定，并且开始在县内的国小教授台语。她是一个如此"顶真"的人，不但认真教学，也热衷参加各种乡土教学的竞赛，凡台语朗读、台语拼字，都获得非常好的成绩。

但刘老师真的是太拼命了，真的把"命"都拼上了。今年暑假才听到她胃癌复发住院，一个月后就撒手人寰了。再次踏上魏家的光腊树园，已是完全两样的心情。跟她的两个女儿——我的学生谈起妈妈时，让我意外的是，她们很坚强，也很坦然。原来妈妈过世前一直很清醒，她完整交代了自己的后事，希望所有朋友欢欣地来看她、送她，不准大家掉一滴泪！她的告别仪式布置得庄严隆重，像是一位即将远行的旅人向大家殷殷告别。朋友们在灵前说着告别的话语，回想着她生前种种的美好，为她献唱她指定了的想听的歌。

多少人能如此从容地向世间告别？放下一切、放下欢喜悲伤、放下眷恋与遗憾？

这是善待生命的最佳展示，给所有的人都上了最最宝贵的一堂课！

我知道刘老师生前最在意的是，她在推广台语的路上表现得如此勤力，却在"教育部""闽南语杰出贡献人士"的选拔中不幸落选了，一生的努力没有得到肯定，不免悒悒。其实这项选拔我也参加了，当然也落选了。自己的努力不够自己很清楚，但对于刘老师的不受青睐，大家都觉得真是不公平！今年的十二月，朋友们要为她办一场追思会，交代我写一点东西在会场上朗诵，所以我决定以她最爱的台语书写两个孩子对她无尽的思念。

刘老师，您有这么多不舍您的朋友、爱您的家人、感恩的学生，我想说：您付出的点点滴滴都被清楚地看到了！这是最真诚、最无私的奉献。

谢谢你跟我说爱我

9·21 地震幸免于难，当天晚上我从五楼奔逃而下，脚底被玻璃划伤却不自知。只见南投酒厂的方向火焰腾空、浓烟四起，车子全部蜂拥上街，人人急着逃离……

这样的经历让我对人生的无常有了更深一层的体会。生命如果不能及时，那究竟要等待些什么？等待到什么时候？计划太多，考虑太多，来一场地震全部都会化为乌有！也学会了人不必握有太多，太多就被收回去了，还是多多与人分享，分享才真正永不嫌多！

所以在灾后，即使背负近千万的债款，我还是发愿在家扶中心认养了一个小孩，打电话到中心时，接待人员问我："要选择男孩还是女孩?"原来还可以选择性别的。想到自己只有儿子没有女儿，便决定帮助一位小女孩。

隔天，小朋友的资料与照片便寄来了。照片中的小女孩佳韦站在稻田旁比出"YA"的手势，虽然身处单亲家庭，却还是如此一派天真！当时她只有国小三年级。

数年来，偶尔与佳韦通信，她总是报告着参加剑道比赛的经过，在哪一次的比赛中又得奖了，然后将奖状影印寄给我。

那一天，我正在办公室休息，空堂时偶尔翻翻报纸调剂一下，翻着翻着就看到“国语日报”上关于佳韦的全版报导，文中详述佳韦的妈妈如何在渔港打零工养活三个小孩，物质生活贫乏的他们又如何在剑道教练的赞助与鼓励下练起剑道，三姐弟的剑道功夫一天比一天好，比赛的时候杀气腾腾、所向无敌，还拿到了台湾冠军。

2007年10月22日报纸上的文章标题为“清水三剑客，穿二手剑道服”。三姐弟没有钱买剑道服，就拿别人穿过的；没有钱缴学费，靠的是教练免费训练。看着报纸上佳韦与姐姐、弟弟的合照，真是非常的欣慰。老天爷待我真是好！连我在家扶中心认养的小女孩，都能有个美丽的结果！

记得我当天在办公室忘情地大吼大叫，见人就说：“这是我认养的女孩啊！”拿着报纸跑前跑后地大肆炫耀，同事们以为我发疯了。霎时，大伙都围拢过来，看到佳韦在逆境中的表现，每个人都啧啧称奇，大声叫好。

我除了马上剪报护贝（过胶，塑封——编者注）以资保存外，还写了一封信给佳韦：

佳韦：

我看到今天的国语日报了。报上的你跟姐姐、弟弟站在一起，有一点点腼腆，但是眉宇中却散发出自信的神采！我将报纸护贝，并且告诉每一个我遇到的同仁，希望大家与我分享相同的喜悦！

上课时将报道念给学生们听，原本嘈杂的教室顿时安静下来。希望他们能体会：真实的人生，在不同的人身上，有着多么大的不同！佳韦的奋斗，就在一场一场的比赛中，真实地上演。怀抱梦想的剑道少女，非赢不可的比赛……这不是卡通，却比虚构的故事更加动人。

继续朝着梦想前进吧！人会因着生活的不完美而发光、发亮，终有一天会到达那幸福的地方！

持续为你祈祷！为你加油！

简世明

2007年10月22日

佳韦，我真的以你为傲！

2008年的10月26日，家扶中心要在台中外埔乡举办一场认养人与小朋友的相见欢活动，想起与佳韦认识这么多年却从来没有见过她一面，不免有所遗憾，这次难得的见面机会当然是一定要把握的啊！当天的天气很好，高速公路路况很好，心情很好，连活动地点都没让我花多少工夫，一下子就找到。小朋友是坐着家扶中心的游览车一起来的，当辅导员告诉我：“这是你的孩子！”我有点吓到，佳韦又瘦又高，不再是当年照片中那个“国小三年级的小女孩”，她现在已经就读国三了。

一整天的活动加上中午的自助烤肉，拉近了彼此的距离，我发现青涩的佳韦不爱说话，反倒是一直问话的我显得有点唠叨。佳韦只说希望能考上附近的高中，因为有体育班可以让她继续练剑道，最终可以借着剑道的专长考上体育相关院校，但前提是高中三年要持续地练剑、比赛，成绩也要够好。

“道服呢？道服都旧了，没有问题吗？”

原来这也有另一个感人的小故事。佳韦的故事见报后，一位日本人跨海来寻找，将他的道服赠给佳韦，这是全新的，是他的妈妈生前希望儿子练剑而特地买的。后来母亲不幸往生，这名青年希望将母亲的爱传递出来，他说：“穿在真心喜欢剑道的剑士身上，才是一套剑道服最大的幸福！”

剑道美少女为了梦想在人生的道路上努力挥击，原本该让我帮助你的不是吗？怎么我觉得在你身上学到更多的勇气？

时间到了最后一个活动，主持人抓了几个孩子，让他们上台拿着麦克风发表感言。这些孩子半推半就，最后还是上台了，佳韦却是唯一自愿上台的。我手里拿着DV，听着小朋友们用稚嫩的童音说着感谢的话。轮到佳韦了，她是最后一个发表的，透过镜头，我看到她对着大家说：“简老师，我爱你！”

这是“第二个”跟我说爱我的女孩！

那天，简简单单的路，早上来时就走过的，我却迷路了。在大甲镇绕了好一会儿，只好找一家加油站暂歇，洗了把脸。是人老了吗？还是因为盈眶的泪水？

你跟我说爱我。我做了什么？值得这样的嘉许？那天在高速公路上，夕阳一路伴随着我，显然它很执著。关上音乐，打开车窗。进来吧，金黄色的、不肯走的家伙，陪我一段吧！其实我也是的，只想陪你走那么一段啊！

你跟我说爱我。其实你为我做的更胜许多。多少年来，困顿于生活的磨难，生命中的光彩、兴奋与期盼，渐渐、渐渐地看不到岸。回不去了，回不到当初的年少了。但还有人说：爱我。

谢谢你跟我说爱我，说爱我的“第二个女孩”。你让我看到感动与美好。只是小小的付出，却得到意料之外的大大收获。

我晓得了，懂得奉献的人最快乐！

给孩子们的第四课

公平

公平掌握在自己手里

聪明迎战“假公平”

我在 1995 年到 1997 年间在学校带了“辩论队”这个社团。伊定华、汤慧心老师是主要的指导者，而我只是从旁见习罢了。伊老师和汤老师求学时期都是演辩社的社长，南北征战、见多识广。老实说，我从两位身上学到的恐怕比学生还要多。那几年间我们横扫对手，最后教师组与国小组都曾获得彰化社教馆主办的中部五县市赛前三名，也算是小有成绩。

一般人可能会认为辩论也不过是上台骂人罢了。是骂人没错，不过可是有规矩的骂人，而且还不能带脏字的。我们参加的“奥瑞岗论辩赛”三人一组，分成一、二、三辩，讲究“申论”与“质询”。尤其是质询时，逼问对手，手段尽出，一来一往间考验着辩士机敏的反应，可真是过瘾极了！

奥瑞岗辩论规则很多，凡是动作、穿着、道具、引用数据都有规定，不可以反质询、质询申论，不可以在最后的结辩提出新论点等等，就像是棒球有棒球的规则，而篮球不可带球走，不可篮下三秒，规则清晰而明确。更重要的是，辩论完全没有办法“背稿”。朗读不用说是有稿子的，演讲也有背稿演出的。就算是即席演讲，其实许多精于此道的训练老师便知道，通常是让学生分类背上许多事先准备好的稿子，临时便能抽换使用，不然比赛时紧张个半死，脑筋一片空白，一上台铁定“胡说八道”，哪里能从从容容口若悬河一番?

但是辩论就没办法了，因为事先根本不知道对方辩友会说些什么，会打怎样的“点”，所以我方大概只能确立主轴、反复练习攻防，一切只能上场再说了。正因为辩论具有这样的特性，说它是国语文竞赛中最高级的一项比赛应该并不为过。

不过这项训练学生搜集资料、分析审题、逻辑推演外加台风稳健、口齿清晰的活动，困难度也因此更高。一个十来岁的国小生要训练到让他们能步履稳健地上台侃侃而谈，这可不是一件轻松容易的事。有的选手脑袋不灵光、反应不快，淘汰！有的反应是够快了，却一张口便期期艾艾、口齿不清，淘汰！更有的各方面条件俱佳，却是脾气不好，一上台便要与人吵架，这违反辩士的风度，当然还是不行的。

那时有一对姐妹花先后加入辩论队。小筠是姐姐，她可厉害了，一上台申论就滔滔不绝，分析精辟，专攻对方要害。质询更是绝活，完全得到老师们的真传，一句句的问答，一步步把对方诱入陷阱中，而对手犹浑然不觉。看她纵横沙场，睥睨群“雌”的模样真是有大将之风！敌手被她逼到无地自容、自相矛盾兼脸色发青；队友们心中暗自叫好，同时庆幸在台上与她捉对厮杀的还好不是我。

小筠获得“最佳辩士”的头衔毕业了，想不到她就读高中的时候，这所高中的老师邀请我到学校指导“健言社”，而社长又是她，这可是难得的师生情缘。多年不见，小筠那伶牙俐齿、咄咄逼人的神态依然没变，而且是炉火纯青更上一层楼了。哎，这个部分恐怕伊老师、汤老师与我都要负上一点责任吧！这丫头锋芒如此，自然会不小心得罪人。据她自己转述某一位老师上课时突然掷笔而叹曰，“孟子曰：‘得天下英才而教之一乐也！’怎么我舌耕多年从来不曾有这等感觉？”言下之意是再明显不过了。但小筠咽不下这口气，居然马上顶了一句：“那是因为你不是孟子！”当场傻眼的除了同学，还有气得半死的老师了。

小筠这种直言的性格加上辩论的训练，使得她找到了自己的方向，她告诉我“人不能光是说”，她要成为司法官，实践心中的正义。徒弟如此的有出息，真是令人感动。在她准备参加法律系推甄（推荐甄选——编者注）的前几天，我还对她加油打气一番：“你可以的！就像比赛时一样，用你的气势吓死他们吧！”

结果口试当天下午，小筠穿着制服到学校找我，看她面色不豫就预知事情不妙了。还好当天下午我没课，陪着心绪不佳的学生来到图书馆，她噼里啪啦、连珠炮般地说了一堆，原来面试的考官居然第一个问题便是：“你的家人中有在法律界服务的吗？”这句暧昧的话当场挑起我们最佳辩士的神经，她非常的火大，马上回一句："是没有！难道有会加分吗？"哎，这部分伊老师、汤老师与我恐怕又要负起责任了！这场口试结果可想而知，任何人让口试官下不了台，当然他会让你连上台的机会都没有！

看着红了眼眶的学生，不知该说什么安慰的话才好。其实我们都知道以往的联考制度虽然很累、很不人道，但却是很"公平"！现下所谓多元入学方案是花巧多端，弱势的孩子更居弱势，永远翻不了身，就算考试的程序是公平的，但学生呈现出来的才艺，甚至是风度、谈吐，这些都是钱堆出来的啊！哪一点公平？我就亲见一位家长聘请大学教授为孩子推甄的资料操刀，更砸大钱制作成精美的书册，再找人训练孩子面试的技巧，果然一试成功，"鲤"跃龙门，一般人当然只能望门兴叹了！

正在感叹的时候，小筠突然问我："老师，你说我太冲动了，那如果是你，你会怎么回答？"

傻丫头，居然将了我一军。

"你应该回说：'有！'主试官再问：'是哪一位？在哪个单位服务？'你可回答：'就是我！我将会成为家族中第一位司法官！'嗯，这才是不卑不亢又充满自信的话语，保证让主考官马上苏醒，对你另眼相看！"

小筠瞪大眼睛，满是敬佩的眼神。当然啰，我是老师嘛，我也得过"最佳辩士"的啊！

小筠这小丫头果然有志气，发了一顿牢骚之后，终于定下心对我说："老师，推甄我失败了，我准备在一个月后从指考中讨回来。”对，这才是辩士应有的气魄！

果然皇天不负苦心人，小筠终于考上法律系了。在贺喜的电话中，小筠告诉我：“下一次回来找老师，就是我通过‘国考’的时候！”

之后有一天，我正从厕所走出来，看见一位穿着时髦、长发飘飘的小姐迎面走来。

“老师！我回来看你了。”

吓！是小筠嘛！算一算又是四年不见了，原来小筠真的考上书记官了，真是替她高兴。

临别的时候，小筠再度发下豪语：“下次再来看老师，一定要完成我的承诺，一定要通过‘国家考试’成为司法官。”虽然制度对没有奥援的人是偏颇不公的，但反而更能激发我们向上的壮志。

等你的好消息！我的学生，我的法官大人！

公平掌握在自己手里

小芳是我的一个特殊的记忆。刚接到这个班时，发现她在这个年级已经读第二次了。国小是没有留级制度的，为什么会如此呢？家庭访问时她的父亲给了答案——原来小芳是所谓的“年尾团仔”，出生在很后面的月份，实际年纪比同班同学小上大半年，从入学开始，她的成绩便不尽理想。重视孩子的父母虽然心急，却也别无良策，最后终于下了一剂猛药，希望让她重读一年，让她在公平的立足点上与大家一起竞争。

这样的想法真是石破天惊！因为社会上大多数的人总是抱持一种观念：快即是好！要跑在别人的前面，孩子不要输在起跑点！所以许多人千方百计要提早入学，有的九月后出生的孩子，生日差个几天不足七岁，便见到父母用尽心思想让孩子早入学，似乎先读先赢，完全不考虑孩子的能力与感受。

老实说，教育上制定七岁入学一定有其学理上的依据，又何必揠苗助长呢？最近几年制度越来越严，生日差个一天不能入学就是不能，丝毫没有通融的余地。倒是有一个提早入学方案，每年都会举行提早入学的鉴定考试，通过的小朋友方能提早一年入学。

多年下来，我们学校也承办过该项鉴定工作，但每次通过鉴定的学生总是寥寥可数，都是个位数；有好几年全县一个通过的学生都没有。可见是家长信心满满，小朋友的能力却未具足啊！近来教育部门要求五岁以下儿童禁止补习，虽然会损及补教业的利益，但这项措施绝对是正面的，值得大力支持！

小芳父母的先知灼见真是令人敬服！果然小芳在我班上的这一年仿佛开了窍似的，成绩一飞冲天，永远都保持在前三名。她的父母觉得非常欣慰，也很感激老师，其实这是父母亲的“观念正确”使然啊！

小芳以极其优异的成绩毕业，是我极为得意的“产品”，个性温文、知书达理，是一个气质高雅的女孩。她谈吐得体、笑脸迎人，真的是人见人爱。国中的学习也一路顺遂，接着就听到她考上第一志愿、某高中女校的消息，所有的老师、同学都替她欢喜。

很快地，三年过去了。某日下午散步时经过小芳家门口，热情的爸爸一眼认出我来，便邀请我到家里坐坐，寒暄当中提及小芳也应该考大学了，心中的第一志愿是什么？爸爸平静地说出最近推甄的结果——小芳在高中的成绩非常好，达到推甄医学系的标准，学校许多老师也看好她可以成功推甄上，即使如此，小芳的父亲还是非常小心，亲自带着小芳到医学院甄试，耳提面命、反复演练，就是希望能圆小芳的一个梦想。

推甄的过程一切顺利，小芳自己也觉得非常有把握。就在大家欢欣鼓舞，准备大肆庆祝的时候，成绩传来却令人倍感错愕——小芳的笔试成绩非常之高，是所有应考学生当中的前几名，原本口试成绩只要拿个八十分上下，不需要太高分也能名列前茅，谁想得到她的口试成绩居然只有三十几分！小芳口齿清晰、言谈清利，反应敏捷且态度有礼，又不是身有残疾，而且还是众所公认的美少女，为什么口试成绩会只有三十分，这是什么道理？

父亲对此结果非常难以接受，与学校教务处多次沟通，最后只得到“经查成绩无误”的回答。校方态度强硬，只回答他们有一贯的取才标准，一切都是“公平”的。这样含糊的说辞，会让人们联想到什么？所谓多元入学、推甄制度真的公平吗？

小芳的爸爸与我相识多年，是一位正直而清廉的公务员，看到他娓娓道来父女的遭遇，说着说着红了眼眶，最后转身对女儿说："对不起！你很努力，是爸爸害了你……谁叫我无权无势，只是一个小公务员呢！"小芳与父亲相拥而泣，就在我的眼前。

震撼、愤怒、伤心，都不足以表达此刻内心的冲击，这真是台湾教育史上最大的悲哀，也是最大的谎言！试想一位公务员之女都得承受如此不公平的对待，其他更为弱势的家庭将如何面对这个不公不义的社会？典试的衮衮诸公，你们的大笔一挥，毁掉的可是一个年轻学子的前途、一个家庭长年的梦想啊！我们基层、第一线的教师兢兢业业告诉孩子要真诚、要努力，努力必然有所回报，真实的世界却不是如此，让学子们如何相信？又让老师如何自圆其说？难道又是基础教育的错？

也许世上真的没有公平，公平只在我们心底。对不起，小芳，这是我的错，也是所有人的错，我们漠视这样的事屡屡出现却束手无策！

小芳选择放弃，她选择就读其他的大学开启另一段人生。继续努力，小芳，我仍旧相信努力的人不会被忘记。也许这个世界不差你一个医师，却很需要另一个出色的教授、研究员……

别失去信心！"公平"握在自己的手里！

我想称称自己的斤两

学校最近常常分配到“替代役”，这些服役的弟兄帮了学校许多忙，不过他们主要的工作便是早、中、晚站一下导护，其他的时间便是盯着监视屏幕，工作可以说是单纯而不繁重；而且现在役期只有一年，还没多久就看到他们打包准备退伍了。

所谓人比人气死人，想当年在陆战队被操练得狗头淋血（没错，是狗头淋血，不是狗血淋头，因为已经不像人，被当成畜生了），体能要求高、勤务多、学长天天紧盯在旁，可以说是时时刻刻不得放松。役期又长达一年十个月，记得营上一年之中就有多人自裁，回想起来真是不胜欷歔！

大学同学阿良因近视度数太深不用当兵，不过对人生的“生而不平等”，他应该了悟最深。

阿良家境并不富裕，从小到大读书都是自己来，家里也没有多余的钱可以栽培他，上一些才艺班、弹钢琴、补习等等，大学联考便不幸落榜了，只好先就读三专，但是在他的心中还是不肯就此认输——“难道我就不能成为大学生吗？”

阿良根本不能跟父母提起重考的想法，他知道家中的经济状况不允许他补习一年，唯一的方法还是得靠自己。所以上课的时候，桌上摆的不是三专的教科书，而是之前高中的自修课本，阿良打算按照自己的进度自己“补习”，再拼一次。

那天上课时他照常是看着自己的书，没想到原本讲得口沫横飞的老师发现阿良这家伙从不抬头，不知道在埋头苦干些什么，便一个箭步靠过来，一把抢走他放在桌上的大学联考用书。阿良吓了一跳，但接下来的事更是令人难堪！这位老师以非常不屑的口吻说："世上就有这种人，老是不称称自己有几两重！明明不是那块料，还在天天做梦！嘿，'吃碗内，看碗外'，最后一定是两头空！不甘心当不上大学生是不是？那就别来读三专啊，去补习班蹲啊！看你能蹲出个什么名堂！"

如果有钱谁不愿意在补习班多待一年呢？如果有钱又何必在这里让人随意糟蹋？阿良尝言这是他一生中最大的羞辱。

有些人是"硬颈"的，无论你如何地压迫他，就是不肯低头。从此以后，这位老师只要一上课便对阿良冷嘲热讽，从不留情面。阿良不愿屈服的倔脾气被激发了，他不发一语照看他的考试用书，就是要考上给你瞧瞧！

阿良分析自己的情况，没有老师教，"数学"进展不大，但是一向成绩不佳的"英语"却有很大的进步空间。但英语没有人教，只靠自己摸索，很多文法上的问题怎么办？好吧，文法就先搁置一旁，先背单词总可以吧！据说阿良在不到一年之中苦背了数万个单词，他的近视度数便是因此加深的。

终于到了再一次决胜负的时刻！阿良知道即使考上私立大学家里也无力供应，一切只能看天意，一切只能放手一搏！

有志者事竟成，阿良后来成为我的同学，因为他的英文将近九十分，还考进语文教育系。终于吐了一口深深的怨气，这是最甜蜜的复仇！

但是阿良并不以此自满，在大学时人人浑浑噩噩，他却立下志向："一定要出国！"当大家在鬼混、打麻将时，他还是捧着一本英语辞典努力地背着，厚厚的镜片下炯炯的眼神，坚定地朝自己的梦想迈进。毕业后数年不见，先是听到他考上硕士、公费留考失败，然后不顾一切筹钱到美国拿到博士；再见面时，阿良已经是南部某科技大学的教授了！

阿良说："我倒是称过了自己的斤两，只是用了与众不同的磅秤。"

学弟阿晟是另一个不同的例子，家境优渥的他从小备受呵护，要什么有什么，物质生活是不虞匮乏。国小成绩虽不算差，但是一上国中交了坏朋友，从此一切改头换面。他笑说："是换成了'不受教'的那一面！"整天与朋友飙车、鬼混、打架、惹事，这都是常有的事。

老父亲伤心欲绝，早就视这个儿子为败家子，只希望别回家要钱就好。高职毕业后，一时间不知要做些什么，母亲好说歹说，总算劝他先把兵当完再说。

以他四海的个性，在军中倒也平静无事，渐渐熬到"红帅"(即将退伍最老的兵)。就在退伍前几天军中出公差，全连的人一集合剩没几人，班长问："志愿的出列！"通常这时候新兵要赶紧跳出来，不然晚点名时就惨了，会被老兵操练到永生难忘！

不过班长瞧了一眼，新兵都有任务派遣，于是班长点名："你，你，还有阿晟出列，一起去清理垃圾。"这下轮到阿晟不高兴了，他顶了一句："办公室内一堆菜鸟新兵，为什么不叫他们去？我是红帅耶，再怎样也轮不到我吧？"想不到班长没好气地说："红帅又怎样？你是什么学校毕业的？人家在里面办公吹冷气的文书兵都是台大、清大、交大的大学生，你算什么东西？跟人家比你不过像是垃圾罢了，要垃圾清理垃圾是刚好而已！"

原来是这样，在别人的眼中自己不过像是一堆垃圾，阿晟心中除了愤怒，却还有说不尽的屈辱与悲凉。

退伍后，阿晟没有回家，跟朋友借了钱一个人北上，随便编了个故事安慰母亲，说是上台北找工作，其实他是报名进了补习班，要完成一项心愿，给自己一个机会，想知道自己到底是不是垃圾。阿晟经过连续几个月的苦读，数学是全然放弃，但只要是"写国字"的，不管三七二十一全部生吞活剥一直啃下去。联考前的两个礼拜，连床边都没有沾，累了就趴在桌上睡。阿晟不敢把成绩单寄回家，成绩单的通讯地址写的是同学家。

寄发成绩单那一天，阿晟失神地在街上晃荡，心想："考试也考完了，下一步要做什么？"人生的未来似乎也不确定地在眼前摆荡。

之后他接到电话，对方说："喂，你的成绩单寄来了，你快来啊！"

“哦，那又怎样？”

电话那头传来兴奋的声音：“什么怎样！你考上了，你知道吗？你考上了！”

阿晟跳上机车急驶而去，等到亲眼见到自己的成绩，他居然喜极而泣，一路挥泪飞奔回家，却忘了机车还放在同学家里。

他把成绩单拿给父亲看——“大学成绩单？谁的？你也跟人家去考了吗？‘无采（浪费——编者注）’钱。”嘴里念叨着的父亲犹不能相信阿晟的成绩。听说后来两人相拥而泣，父子多年的嫌隙顿时冰释。他的父亲买了一长串鞭炮从一楼放到三楼，昭告世人“我的儿子”考上了，而且将来会是一位培育英才的老师！

别太在意世上的不公平。那块摆放不平的“斜板”，往往是我们不断进取的快捷方式与动力！

公平的教室

这个世上充满不平，但我们可以做的就是尽量营造“公平的教室”。很多新进的教师不明白，大多数人在意的所谓“教学技巧”，其实是最简单的。如何运用计算机、多媒体；如何掌控进度、批改作业；教室如何管理、秩序如何维持，凡此种种只要带班一次就能了然于胸。困难的还是“班级经营”，也就是与学生的互动，而诀窍就在于“公平”。

相信每个人都有这样惨烈的记忆，班上同学一人犯错全班受罚（这是军中最常玩的“伎俩”），当时一定是人人心中充满了怨气：“又不是我的错，为什么连我也要受罚？”因为觉得不平，所以这种处置是最不恰当的，甚至会破坏班上的和谐与团结。通常学生并不会拒绝受罚，前提是这处罚是公平的，处罚的执行也是公平的！

除此之外，很少人提到的是老师与学生之间的公平，不是以身作则，是指两种身份之间的公平。常见老师在上课间与隔壁班老师聊天，上课接听手机；聊得兴高采烈的老师一转身便大吼：“老师在讲话你们也趁机讲话！”这不是很不公平吗？老师上课可以迟到，然后到处牵拖、理由一大堆，学生迟到却要挨骂。老师忘了带东西、跑错教室，这都是很常见的，也没有人会予以计较吧！但学生忘了带作业、忘了带直笛，大概就要罚站了，这不也是相当不公平吗？长此以往学生又如何服气？

我的班级很特别，强调公平，“简老师宪法”第一条：老师可以做的，你也可以做。譬如我尽量不迟到，迟到了一定会道歉，并延迟下课以补足时间。上课时老师可以喝水，学生就可以喝水，什么时候喝、喝几次都无所谓。上课上到一半内急了，本人是绝不憋尿，告知学生后先上厕所再说。同样的，学生上课想问问题举右手，想上厕所举左手，想上几次都无所谓。“人有三急”，别憋出尿道炎这比较重要。有没有学生会“尿遁”借此逃避上课？几乎没有。多“遁”个几次，老师说的笑话都听不到了，岂不是一大损失？

学生作业不交很简单，我也不生气，只是请他中午午休到自然科教室补到完成才离开。早上第一节课只要不是做实验，会允许他们吃早餐。有的孩子太晚到校，接着升旗、早操、社团活动一直到第一节将近九点都还没有吃早餐，这样持续下去，不要说学习，身体都搞坏了。不过我自己是不会在上课时吃东西的。

“将心比心”、“别一味地严厉”是我所谓公平的真谛。有的人以为执法严格、绝不宽待便是公平，然而事实真是如此吗？学生很精明的，他们即使嘴上不说，眼睛是会看的，种种的借口、说辞都将会是反面的教材。

有一次上课，一位小朋友竟公然把一本“游戏攻略”大剌剌地摆在桌上，这明显违反了“简老师宪法”第二条：老师不会做的，请你也不要做！这小孩还趴在桌上抄小说奋笔疾书……于是我拿着教鞭轻轻点他的头：“呔！好大的胆子，竟敢把禁书放上来。”想不到学生一脸无辜地把该书一翻，原来只是“封面广告”，其实是一本笔记簿罢了！

这下糗了，不过我毫不迟疑马上说：“对不起，老师‘老眼昏花’看错了，为了公平起见……”于是我拿起竹鞭，也敲了一下自己的头以示公平，并说：“希望您别介意啊！”

想不到全班响起如雷的掌声，大家觉得这老师真是讲道理。公平才能掳获学生的心！

批改作业也要公平，不可采取一致的标准，而要采取“属人主义”方才合理。一个从来都是“鬼画符”的小鬼，今天突然有了进步，就给个甲上又何妨？保证下次他一定拼命写得整整齐齐。有的人不喜欢学生偷写功课，我则无所谓。只要是自己写的，那是自己的功课，又有什么“偷”不“偷”的问题呢？倒是很多小朋友回家补习一大堆，如果能利用时间在校写完功课，回家也会轻松许多。所以带班当导师时，我会尽量在一大早便出好当天回家的功课，只是别在上课时“偷偷写”，这就不好了。

改考卷也是需要公平的，我不会一见“最终答案”不对，或者“单位写错”（比如18cm写成18m），便红笔一杠“零分”，而是一道道式子慢慢看，正解到了哪里就表示懂到哪里，该给几分就给几分，单位写错、国字写错扣一分，因为考试是评量学习的成果，不只是考大家细不细心啊！忘记在考卷上写上姓名、座号，其实也是粗心大意，跟分数没多大相干，所以多是罚劳动服务，很少扣分。

学期末打成绩时，我的自然成绩照例没有“印象”分数或者“平时表现”分数之类，因为上课迟到、说话、迟交作业等等当时都处罚过了，如果期末再扣分，这不是“一头牛剥两层皮”？而且“调皮捣蛋”分数应该扣在操行这一项才对，扣在学科表现上有点不对头吧！所以我带的班常常有顽皮到让我头痛的小鬼，可是他们该拿的学业成就奖一定拿得到。

另外，我很重视下课时间。各位大人们请仔细想一想，下课短短十分钟小朋友要上厕所，跑科任教室，占球场打球，偶尔还要偷瞄一下隔壁班心仪的女生，这十分钟忙得很哪！实在太重要了！所以除非不得已，一旦打钟便马上下课，绝不含糊且毫不啰嗦。唯有如此，当我要求学生上课不可迟到时，才可以说得理直气壮、理所当然！

“公平”是一种承诺，承诺把自己放在天平的另一头与学生们两相对照，不觉得自己是“老师”，不以“指导者”的姿态“君临”学生，那么学生将学到公平待人，他们对老师也不只是畏服，而是打从心底里敬重！

家长们也是如此，一律看待。如果您回家一直贴着电视、陷在沙发上，却一直叫唤小朋友：“要看书，看书才有前途！”请问贵子弟如何心服？没有一条真理是：小孩必须遵守，而大人就可以免疫的啊！

今年的教师节遇到的一堂课，索性不上了，我请大家好好想一想：你上课是为了什么？学习是为了什么？接着播放了一首ABA的歌《I have a dream》，逐句逐字地翻译。我的心中也有一个美梦尚待实现，但“我的梦”是属于我的，属于“你自己的梦”呢？趁着学生沉思之际，又放了一首罗比·威廉斯的《Better Man》。

一步步向“更好的我”迈进，就是我的“梦想”，这就是我的回答。

给孩子们的第五课

尊重

懂得尊重，是人格升华的开始

老师的赌注让我“想拼”

从不被看好的人、从不被期待的人，是如何看待自己的？畏缩是来自于从来不敢尝试；拒绝尝试是因为害怕别人嘲笑的目光；嘲笑别人就是在宣告——我不一样，我不会做那种蠢事！

我现在常常做蠢事，不论成功与否。《火影忍者》中的鸣人说：“如果聪明是这样，我宁可当一个傻瓜！”聪明的事人人会做，也不差我一个，如果能当一个“出色的傻瓜”，应该也是值得骄傲的吧。

考高中的那一年，人人努力、个个拼命，只有我还是傻里傻气，同学问我想读高中、五专还是高职，我还反问“这些”是什么。皇帝不急，急死的是周遭的太监。老师可是比我们急上许多倍啊！离联考还遥远着呢，他们便开始计算着哪几个可以考上第一志愿，哪几个是前三志愿，哪几个想都别想了！

国中时期的我成绩起起伏伏，理化不错，英文很糟。对我这种模拟考可以从前二十名一下掉到百名以外，然后又回到前五十名的人，老师们的意见是相当有分歧的。显然这个个案超出历来的经验值太多，很难预报准确。

那天班长从办公室回来，告诉我："老师们在办公室谈论你，还有老师为你打赌。"什么？打赌？原来我的数学导师力主"淘汰论"："这小子浑浑噩噩从不认真，英文又超差，绝对是考不上的！"我的化学老师在一旁猛点头附和说："咳！真是恨铁不成钢啊！"刘馥华老师教数学、李翠云老师教化学，他们居然担忧我的英文太烂。不过我的物理老师有意见，李老师独排众议："他很聪明，只是很懒得背。这几天是关键，只要肯冲一下，奇迹是会发生的！"全办公室的老师你一言我一语地列举本届应该会金榜题名的学生，怎么排都没有我。只有李老师的名单中有我的名字。

原来我算是聪明的，在李老师的心中。我从来没有想要全力冲刺的想法，但是李老师的鼓励让我产生了"想拼"的感动。我可以吗？但我始终不敢去问李老师。从毕业典礼后到联考有十七天的时间，成绩好的同学们都约好了天天到图书馆K书，我没有参加。有的同学是回到学校自习，我也没参加。所有的人都以为从人间蒸发的我已经放弃了。

其实我没有放弃，为了李老师也不该放弃。这十七天我在家里牢记着李老师的评语："他就是懒得背！"我把地理、历史、公民和国文的课本及自修码成一堆摆在床头，从头开始反复看了三遍。至于致命伤"英文"可就伤脑筋了，不过还是让我找到奋力一搏的方法。

毕业前，我无意间看到副班长的桌上有一叠英文试卷，原来认真的她把三年来的英文试卷统统装订成册，她的成绩好、字又整齐，这整本试卷就是我的救星了！这些试卷对副班长来说太简单，她用不着了，所以我把握机会将整本试卷“讨来”，放在床头翻了又翻，数百张的考卷虽然很多地方我不懂，但是“生吞活剥”总也让我记住了！我发现不知道语法没关系，把单词背熟了，八九不离十都可以猜出意思。

那时爸妈非常紧张，他们觉得我整天足不出户、躺在床上睡觉，考试将近这怎么得了！其实他们不知道这是我人生中最大的赌注，我从来没有这么用功过，为的居然不是自己，而是老师与他人打赌的一句话。

十七天来，我每晚读到凌晨才歇息，却又不敢让父母知道。原来人终究会找到努力的意义，只是它的“解释权”不一定跟别人一样，而是掌握在自己手中！

考完试后，我的心中一片茫然，大家都问我：“英文考得怎样?”我真的无法回答。因为我全部不懂，全部都是凭直觉猜答案。直到发榜后，所有考上第一志愿的同学英文不是一百分，就是九十几分，只有我是七十九分。那年高中母校 1250 个新生中，我的英文成绩大概是最低的，但是从模拟考常常不及格的成绩跳跃到七十九分，也可说是奇迹了。

谢谢李治国老师。刘馥华老师天天对着我碎碎念，李翠云老师是直接开骂，李治国老师却从来没有私下跟我说过话，没想到他的心中却是如此地看重我。因着老师们的关怀，我平安度过了人生的第一次考验。

谢谢所有的老师。我从你们身上学会去尊重每一个孩子所蕴含的无限可能，所有的孩子都可以成就奇迹！

不相信吗？我可以跟你打赌！

懂得尊重，是人格升华的开始

近几年努力学习新的事物——老是“教”、从来不曾补充新的东西，再博学的人也会干涸啊！刚巧学校某位训练“闽南语演讲”的老师突然不带了，原本对闽南语一窍不通的我却不知死活地接下了棒子，真可谓“青瞑牛不怕枪”了！

刚开始对这门学问也是一无所知，怎么办呢？后来学校同仁介绍了一位台语界的“通天教主”——黄清辉老师，记得当时我还创作了几篇文章，然后带着稿件去拜访黄老师。黄老师初见面给人拘谨、严肃的印象，随手翻了翻我的作品，只问了一句：“可以让我修改你的作品吗？”我的回答是：“当然没有问题，这些都是毫无价值的涂鸦，希望老师多指导。”结果黄老师真的修改了，还改得真彻底，根本是为我另作了一篇文章。

在往后的相处中，我才发现黄老师是一个幽默、有修养、极有学识及绅士风度的“先拜”。他总是对我说：“手捧鲜花送人，手中犹有余香。”他教我台语文的写法，指导我写演讲稿的诀窍，甚至当我训练的学生拿到县赛冠军后，他二话不说，马上帮我特训这名学生。每周几次晚上到黄老师家中，是指导我的学生如何演讲，也是教导我“如何指导学生”参加演讲。这些都是义务的，黄老师从未收取任何报酬。

幸运的是，我们的选手一路过关斩将，最终拿到台湾语文竞赛乡土语言部分“台语演讲”国小组的冠军！这全是黄老师的功劳，我只是在一旁见习而已。而这位小朋友日后升上国中，黄老师又义务指导她，曾经两次打入总决赛，又拿到总决赛国中组的亚军！

往后几年循着此种模式，我训练的选手取得台湾总决赛资格便带往黄老师那里加强训练，黄老师也照单全收、殷殷栽培，从不拒绝！

一次在两人的聊天当中，我提到一些工作上的辛酸，也提到睡眠不佳，常常为其所苦。黄老师拍拍我的肩，只说：“劳者多能！”不愿意付出、只是批评别人的人终将一无所有！他又为了我，介绍老友为我诊治——针灸，对后辈提携、照顾之情，令人感佩！

仔细想想，我貌不出众，言谈粗俗，文笔不用说是根本不堪入黄老师之目，何以黄老师却对我青眼有加？老师给了答案：“如果你一开始就不同意我改你的文稿，那我就不理会你了。”太过“自矜”的人没有成长的空间。黄老师的这一番话让我低头沉思，获益良多。

黄老师在高中任教时，训练学生参加国语演讲、国语朗读、国语作文等比赛，最近几年又参加闽南语演讲比赛，一共在台湾总决赛中拿下了三十三次的夺牌成绩。不但在县内，可能在全台湾也是找不到足以匹敌的辉煌记录了。

但是黄老师为人非常低调、谦虚，他常言自己只是在语文方面较有专长，其他方面都像是侏儒。在我的观察中，黄老师的教导方式无非“尊重”二字。写稿的时候写到“阮阿母”，他便真的把学生母亲找来与二人长谈，方才下笔定稿，也从不见他训斥或责骂学生。他尊重学生的选择与意愿，上台演讲所需配合的手势、动作都是学生自己想好的，顶多从旁提供意见，修正一下而已。他还会反复与学生解说演讲稿，务期了解文中所要传达的意念与情感；他不强迫学生表现老师要求的样子，而是要学生想象并且表现自己最好的样子。这样的训练方式令人大开眼界，也令人成长许多。

如果今日的我懂得一点尊重他人的道理，懂得一点做人做事的方法，大概是拜黄老师所赐！

一位好老师所能给予的，是无从想象的“巨大”！

以尊重赢得尊重

虽然天空微微飘着小雨，但我还是下定决心出门去，因为头发实在太长了，顶着这一头乱发实在是有损师道。雨越下越大，一大清早我就赶到常去的理发小店，没想到施校长比我还早，已经坐在那儿等候了。

施世贤校长是我第一位顶头上司，也是我从事教职后遇到的第一位校长，这时已退休九年了。

施校长客气地与我寒暄，并且坚持让我先理发。因为我只要半个钟头，而校长理发、染发加修面可能要花上两个小时。本来是不可以占先的，这有违常理嘛，但在施校长的坚持下，还是让我先理发了。

当天晚上却接到施校长的电话："早上先回家去端了两杯咖啡想跟你好好聊一下，想不到你这么快就回去了。"脑中顿时浮现施校长小心翼翼端着两杯咖啡，撑着雨伞在大雨滂沱中穿过几条街，就为了与我喝上一杯咖啡的画面……

思绪回到十五年前，就在开学的前夕，训导主任亲自打电话邀请我担任体育组长，而我也答应了。不料翌日开学，校长却宣布派我去带班，我当然是一脸的错愕！

会后施校长招了招手，请我与他一起到操场散步，就这么绕啊绕地走了好几圈，校长支支吾吾，光是一味地道歉，却不说出临阵换将的内幕。当然事后我终于知道事情的始末，但校长宁可将所有的责任一肩挑起，也不愿伤害其他人。这样的风范，实在令人动容。

还有在我第一年任教、第一次出月考题时，年少气盛的我出得非常难，全班的平均成绩差点不及格，当时家长们群情激奋，一直闹到校长那边去。施校长安抚了大家的情绪，并保证下不为例。但是，他从头到尾都没有对我提起这件事，还是其他老师无意中说溜嘴我才知晓。当我向校长道歉时，校长只是笑笑说："年轻人嘛！谁不曾年轻？"

施校长从不会站在校门口看着老师上下班。一次站在校门口与家长说话，许多将近迟到的同仁连忙加紧脚步赶快进教室。当天的朝会，这些同仁提心吊胆，心想校长总要有一番表示。校长果然说话了，不过他说："各位老师大家都很忙，偶尔晚起了没有关系，千万别开快车，别因为赶时间而出事，这样我会内疚的。"所有的同事听得目瞪口呆，真不敢相信这是从一位校长口中说出来的话。

四十周年校庆时，学校准备扩大庆祝，所有人都积极地参与，还向当地图书馆商借场地布置成"师生作品展"的会场。相关准备工作如此繁杂，大家一直工作到晚上十点还在持续收拾，校长说话了："算了，天晚了，这样就可以了，大家回去休息吧！"但人人都不肯就此罢手，最后是有家累的先回家，单身的继续奋斗，而施校长还特地为我们带来加油的消夜。

施校长主持校务十年，学校从二十个班左右的规模一路增加到五十几个班，他从未要求老师怎样，也从未训斥过学生，有的只是"尊重"！

施校长于2000年退休了。当时大家为他办了一个欢送会，合唱的时候大家每人手持一个气球，然后将气球送给校长，人人眼眶含泪，担任司仪的萧老师更是哽咽到无法言语。

要完成一件事有许多的方法，管制、逼迫是最最下策。

我想起当兵的时候每个月要关饷，要造饷册送交财务官。第一次送饷册根本什么都不懂，站在柜台前，财务官就这么直接把整本饷册对着我的脸甩过来："妈个×，你是猪啊……"下个月再送饷册，财务官再也挑不到任何毛病。但是我打从心底瞧不起这个人，同样是上司，给人的感受却是大不同的。

施校长的人格特质深深地影响了我。去年随着毕业的时间临近，已经考完毕业考的准毕业生们，心情照例是非常浮躁的，上课了还在操场打篮球，任凭导师如何呵斥也不为所动。愤怒的老师把一干"人犯"带到训导处来，要求我一定要严厉处分。

结果我先让他们罚站，并刻意地拖时间，待导师忿忿地回教室后，才慢慢踱步到这几个小鬼身前说："要毕业了，还是要有始有终。我不愿意骂你们，因为我觉得你们应该都懂！"

大家纷纷低下了头。

"我会告诉你们导师我狠狠地处罚了你们一顿，但是别再犯了，我尊重你们，希望你们也尊重我，这是男人与男人的对话、男人与男人的承诺！做得到吗？"

大家拼命地点头，挺起了胸膛，这一刻他们都成为真正的男人了！他们的导师没再找过我，没再来告过状。

"逼迫"可以完成的事，"尊重"也可以，还会附加无比的

“热忱”！

“义”班的团结启示录

运动会是学校每年的重大行事，因为当天长官、来宾一大堆，总是要把平时教育的成果展现出来，更重要的是，透过这样的体育竞赛可以凝聚班级意识，营造班级气氛，善于利用的老师是可以扭转乾坤的。

有一年，五年级升六年级的人数突然增多，多到必须再增一班，可是只剩下一年了，家长、同学都不同意全部打散重新编班。那该怎么办？

最后的决定是各班抽出数人再组一个新的班级，但是大家读得好好的，谁要被抽出去？只好以抽签为之。学生的问题初步解决了，那么老师呢？谁来教这个只剩下一年的“杂牌班”？答案就是当年教育界的“菜鸟”——我！

说心中坦然非常乐意地接这个班是骗人的，人人都闪得远远的，只好推着刚退伍的菜鸟上，心中不无悲凉！感谢当时注册组曾老师的坚持，她力主抽签一定要公平，不可以任由各班老师把不想要的孩子丢出来，所以我们这个班程度还算整齐，不是所谓的“放牛班”。

但是一开始，家长们排山倒海的质疑简直令人抓狂——

“为什么是我的小孩被抽出来？你们有黑箱作业！”

尊重

“某某老师是明星老师，我们在她的班读得好好的，才不要转到这个资质浅的老师带的班!”

“剩下一年了，若重组新班，他们毕业时的成绩怎么算？毕业奖项如何颁?”

种种不平的声音如巨浪般直扑而来，只有我一人孤立无援、用力抵抗。我知道这是我教学生涯中最重要的关卡，闯不过就此全然失败，很难再爬起来。

当时有家长一早把学生直接送到原班级，不肯进入我的“义”班。学生们也是，上课意兴阑珊，一副无精打采、消极抵抗的模样。他们对我的教学意见多多：“我们班不是这样……”“我们的功课没有这么多……”“我们的老师说……”“我们的老师都可以，为什么你不行?”

天啊！“你们”的老师是“我”，“你们”的班就在“现在”你们坐着的教室里!

下课了，所有的小朋友一哄而散，巴不得马上逃离，全部回到各人原有的班级，挂在窗台上寻找原本的朋友，回归原来的群体，从走廊上一眼望过去还真是壮观，真是奇迹啊!

但是我没有生气，生气是无济于事的，只会让这个班级的“心”更加的背离。我也没有放弃，只是一直等待，默默地等待，等待一个契机!

之后，运动会的会前赛开打了，在躲避球这个项目，义班是很有实力的，因为我们拥有好几位杀手级的选手。只是开打前便有别班的学生率先跑来疏通："你不可以打'自己'班的人哦!"班长小翰便是我的主将，他很阿沙力（爽快——编者注）地点头："那是当然的!"

比赛开始了，别班士气高昂，加油声不断，我们却如斗败的公鸡垂头丧气，还没上场高下立判。班上分成许多小团体，来自智班、仁班、信班、勇班的，各自有各自的盘算，希望原来的班级获胜，为原来的班级加油，反正义班也不在他们的眼里!

球赛一开打，厮杀声不断，既然主将有意放水不肯尽力，其他的同学也各为其主，结果是可想而知的，只有我这个傻瓜还在旁边拼命加油，喊得声嘶力竭。

球赛结束后，胜利队伍一片欢呼的声音夹杂着："义班算什么！杂牌军啊!""听说小翰很厉害，我看也没什么了不起!"甚至有老师在一旁借机会教育道："团结才会胜利，义班根本不团结，怎么会赢呢?"

打赢的班级疯狂地庆祝，该班老师答应请小朋友一人一杯饮料，在义班的这些孩子才蓦然惊觉——即使他们原本也是对方那一班的，即使他们在比赛中放了水，但此刻的胜利不属于他们，那杯饮料他们也没有分享的权利。

进了教室，大家也都静默不语，小翰突然用力把球甩在地上。我知道他很不甘心，非常的不甘愿！机会来临了，我说："如果不想被别人瞧扁就只有拿出实力，但首先想一想你们代表的到底是'哪一班'？我会尊重你们的决定!"

孩子们互相指责别人不认真、不努力、不配合——

“你都只传不攻击，谁不知道你不肯丢你‘原来’的好朋友!”

“谁说的？你还不是一样，你……”

我在一旁微笑以对，没有制止、没有评论。开始了，我播下的种子开始萌芽了！

于是，下一场球赛完全不同了，只见小翰杀气腾腾，其他同学的加油声也响彻云霄：“义班加油！”“义班加油！”我眼眶中含着泪水，知道义班终于在此时此刻真正成为一个班级！

同学不留情面，面对原先的班级也是如此，因为这是义班，他们要为自己、为义班争取荣誉！身为老师兼教练的我奖励当然不手软，人人都有饮料，人人都有棒冰！我们就这样从败部复活一路打到女子组冠军、男子组亚军。运动会上颁发锦旗，我们班还拿到了田径总锦标，当全班围拢过来让家长照相时，我知道那一张张的照片，正是我通过考验的成绩单！

这个班级让我成长许多，这些孩子也非常争气，他们现在都早已大学毕业，有的也已进入职场。其中有个学生小洋的妈妈，某天突然打电话给我：“简老师，您还记得我吗？我是高×洋的妈妈，小洋考上医学院了，我们好高兴！第一个想到的便是你，希望跟你分享我们的喜悦!”

放下听筒的我，心中百感交集，仿佛又听到自己当时的话语：“你们代表的到底是哪一班？我会尊重你们的决定!”

最有创意的运动会

近年来，校园生态也慢慢地改变了。记得刚执教鞭的时候，每逢运动会，事前一个月大家就得在操场上踢正步，一遍又一遍，务必要整齐划一，这样从司令台看下来才会显得精神焕发、神态昂扬。

现在则是完全相反，运动员进场时会要求各班尽量发挥创意，做各式各样的装扮，这样从司令台看下来才会显得活泼有朝气。时代的变迁，潮流的更替，由此可见一斑！

话说有一年的运动会需要准备进场时的“扮相”，而按着我的习惯是不会强迫大家的，照例是由大家开会讨论。别班的对策早就拟好了，从戴上 DIY 的帽子、大手套，套上塑料袋做成的外衣，拿着棒子、保特瓶等等到脸上涂上油彩，种种的方式都早已有人采用了。但是班上的孩子说：“不要啦！穿成那样感觉很蠢耶！我们都六年级了，才不想装可爱！”

当然我可以强力要求大家低头，可是这样做大家都不开心，因为是被迫的，一点都不受尊重啊！

时间一天天逼近，正当我下定决心要解决这个问题时，家里突然出事了。

我接到内人的电话，她只是一味哭泣，道歉着说：“对不起……车子毁了！”我赶忙骑上机车前去接她，只见她浑身是血地站在二高交流道下（高速公路与其他公路的交会路口——编者注）的加油站旁，询问后才知道，车子从台中开回来的时候不知怎么一个失神，冲到了交流道的边坡下，还一路翻滚，整个车顶都凹陷了。幸运的是，内人居然自己爬上边坡，在后面目睹汽车滑到交流道下。经初步检查，内人只有脸部、手脚擦伤而已，做完笔录，拖吊了车子，才疲惫地回家。

当天晚上入睡不久，内人却开始头晕、呕吐，甚至意识都开始不清楚了，我知道这八成是脑震荡引起的症状，马上送她到大医院检查，果然是颅部受到冲撞，有轻微的脑震荡。望着昏迷中的爱妻，心中突然升起前所未有的惊惧，原本立誓相守的另一半如果就此离去，我该怎么办？生活中一向理所当然的“存在”，仿佛不需要理由，一旦出现动摇，才知道那是生命中最不可缺少的部分。

我因此相当自责，为什么要让她一个人前往台中……如果可以，只要让她平安无事，我愿意以一切交换，我不再跟她吵架，不会跟她顶嘴，我愿意承担一切家务！

隔了几天，上天似乎听到我的呼喊，内人平安地出院了。我除了更加珍惜自己的家人，也学到了不能随便发誓，向老天祈求是一定要还的！所以，现在家里的大小事，凡是洗衣、晒衣、收衣、折衣、洗碗、收拾餐桌，外加倒垃圾兼洗马桶，统统都是我来！这是我心甘情愿的。

销假回到学校后，马上要面对的就是运动会，彩排在即怎么办？现在再想点子，做一些美工、一些道具都铁定来不及了。

“那就别管道具了，我们来装扮一下，就扮成‘黑道班级’好了！”一向搞怪的阿训提议。什么是黑道班级？小朋友越讨论越兴奋，几乎把一切都设想好了。

“老师您不用担忧，好好照顾师母吧，我们会把一切搞定！”

好吧，事到如今，也只好尊重大家的选择了。

彩排的时候，班班粉墨登场，颇有争奇斗艳、一较高下的味道，只有本班毫无准备，素颜上场，经过台前还摆出一堆奇怪的姿势。主任很不满地提点我：“你们到底有没有准备？别开天窗啊！”

“安啦（放心吧——编者注），主任，安啦！”我赔着笑脸道。

“喂！到底准备好了没？别开天窗啊！”

“安啦，老师，安啦！”阿训回答得很笃定，我却急得要发病。

正式登场那一天，一大早小朋友们开始装扮，连我也被设计在内，也得扮装一番。

一走出场，六年四班便吸引了全数的目光，人人黑大衣、黑夹克外加黑墨镜，脸上画着刀疤，手上拿着各式“枪械”，大摇大摆地经过司令台接受校阅，我这个导师穿着“借来”的警察制服，戴着警帽，拿着警棍，从后方“押解”而来！所有的人高声喝彩，其他班的小朋友更是投以羡慕的眼光。不过，我始终不敢抬头看看校长与长官们的脸色如何。

相信孩子，“尊重”孩子，他们可以表现得更好！

给孩子们的第六课

勇气

人需要依靠勇气和支持

不只是鬼点子

念大学时，有一位教美劳教育的陈教授。当时的老师应该还算年轻，才三十岁出头吧，但是却给我留下相当深刻的印象。

陈教授上课很诡异，常常不按牌理出牌，虽然他有点“黑色幽默”，属于皮笑肉不笑那一族群，不过大家上课还是不敢太放肆，笑也笑得很含蓄。他就是这样揉合“随性”与“要求”的老师。很难以想象是吧？

陈教授曾经好几次主动邀请全班到家里吃饭，吃完饭后，带领我们到住家附近的海边吹海风。没有说什么大道理的，就是吹海风。

“人生能有几回凉？呼朋引伴吹海风！”

有一次我发现老师家的厨房非常奇特，整面墙壁的涂漆不是单一颜色，也不是具体的描绘，倒像是小朋友随意拿起漆刷偶然的涂鸦。

老师耸了耸肩，说：“那是我一位朋友的作品。”

“是美术大师吗?”

“不，他是一位地地道道的油漆匠。”

原来老师找了一位油漆匠粉刷厨房，工人问：“刷什么颜色?”陈教授居然回答：“爱刷什么颜色就刷什么颜色，想画什么图案就画什么图案，自由乱画，随你去‘舞’!”

工人起初发了傻，工作一辈子没见过这种事。一星期后，他向陈教授道歉：“抱歉，陈老师，这我不会啦！我不会自己画，人家说怎么漆我都可以完成，要自己想很难耶!”

陈教授的回答更妙：“啊，你紧张什么，我又不限你时间，什么时候完成都可以，我钱照付。”

这面墙壁漆了又漆，改了无数次，两个月后终于完工。油漆工人告诉陈教授，这些日子以来，利用其他工作的空档来漆“这面墙”是他最快乐的事！他终于了解“工作”与“创作”的不同，然后他拜师学艺，空闲时间不再喝酒应酬，他开始画油画!

陈教授教小孩也有奇怪的一套。他的女儿外号“小兵”，常常抱怨爸爸老是当她是新兵般操练，才国小一年级就自己拿着印章到邮局开户、领钱，爸爸只在邮局外看着。还有一次，陈教授特地要我骑着摩托车到学校接小兵，我告诉小兵爸爸临时有事，所以请大哥哥来接你，可怜的小兵不疑有他，乖乖地上车。而当时陈教授就等在校门口：“爸爸不是说过不可以让任何人接你?即使认识的人也不可以!”

小兵嘟着嘴，觉得自己被设计了!

“去！操场跑十圈!”

我很尴尬，显然我是不知情的“帮凶”。但小兵一语不发，很认命地开始跑，陈教授却站在一旁，双手抱胸微笑地看着。

陈教授似乎还满欣赏我，一次打电话来宿舍要我马上到他的研究室报到。十万火急马上赶到，才知道一位学长带了一瓶小米酒，陈教授指定我来开开荤、见个世面。直到第二天醒来，我才意识到自己竟睡在研究室的地板上，无情的陈教授早就落跑了！

他还常常告知：“那家小巷子里的面店特别好吃!”我们按图索骥前往寻找，果然都是“五星级”的口味外加“有省钱”(台语发音）的价格。

有一回，陈教授发下一整张软木板，要大家完成一件“信插”作业，并随便大家自由发挥。

现在很少人用信插了，就是那种挂在墙上，有着好几个口袋，专门收集信件、发票、收据的玩意儿！照例，班上那些心思灵敏、手艺又巧的女同学们就此开始努力奋斗了。而后不知是哪一位先发现三商百货有卖许多信插，结果一传十、十传百，大家纷纷到三商百货观摩朝圣，回来后可不得了，人人受到神圣的启发，缝口袋的缝口袋，贴亮片的贴亮片，有的还专程买了棒冰棍、干燥花，在板子上拼贴出美丽的图案，实在是——“太神奇了！杰克!”

在这种强大的氛围中，敝人再也不能安之若素、不动如山了。交不出作业下场很惨的，那可不是喝杯小米酒，是要吃排头

(受责备——编者注)啦!

时间越来越紧迫,想来想去自己不擅长做精致的手工,而教授已下了最后通牒,只好孤注一掷拼拼看了。

我找到同班同学Turkey说:“喂,同学,帮我弄一件女用内裤好吗?”

她的脸色马上沉了下来:“开什么玩笑!说这话太过分了吧!”

我急忙解释:“真的啦!我是为了交作业,这是‘必备的材料’,我不敢自己去买,请你帮个忙,拜托、拜托!”

嘿嘿!买内裤交作业!Turkey的兴致也来了:“内裤可以做什么呢?”

“咳!这您别管,总之帮我买一件女用内裤,越花哨的越好,有蕾丝的就更妙了。”

Turkey笑得前俯后仰,不知我葫芦里究竟卖的什么药,但还是猛点头,准备加入这项伟大的计划。

花了一个星期日,终于赶工完成了。当我拿着这项“杰作”得意地走过校园,可真是人人侧目啊!一早守在教室的Turkey更是笑弯了腰,给它打个一百分!

上课了,教授一进门便指着我说:“好小子,你到底什么时候交作业?”

“报告教授,我费尽心思、呕心沥血之作终于完成了!”

当我把作业恭敬地呈上去,老师也傻眼了。这是一位背面全裸的美女图，身材姣好，引人遐思！教授忍住笑："很好！很辣！不过信插在哪里?"

我充满信心地回答："报告教授，把她的内裤拉开不就是了吗?"

所有的同学觉得又好笑、又惊讶，"内裤信插"果然是很辣！

这是二十几年前的事了，在风气保守的师范院校算是很有勇气的作品。

第二次的作业，又发下一大张的亚克力板。做什么都无所谓，题目就是："我的亚克力"作品。同样的，蕙质兰心的同学们开始抢占工艺教室的直线加热器、亚克力刀，将亚克力加热扭曲重塑、切割、拼贴，人人忙了个不亦乐乎！结果该死的那块亚克力板，我早就将它弄丢了。

期末时看到大家的心血结晶，自己却根本还没动手，也不免开始着急。陈教授是不会再发给你一张亚克力板的，但我也压根没想过到美术社再买一块，我买的是别的东西。

上课时，陈教授又指着我说："呔！你个小子什么时候交作业！"桌上早摆满了同学们琳琅满目的作品。

"报告教授，这又是我费尽心思、呕心沥血的作品！"

"对，我知道，那请交上来！"我恭敬地把作品呈交上去，大家登时又傻眼了。

原来我搜集了大量的录音带、CD唱片的外壳封套，这些都是亚克力做的，再加上新购牙刷时外面那两截亚克力套子，林林总总的材料，只用亚克力胶将它们组合起来，风吹动时还会发出“呜呜”的声响。这就是我的作品“苏格兰风笛的回响”，如何？

女同学们非常不服气，为什么有人只凭着一些鬼点子，分数却是最高？

但这不只是鬼点子，是“勇气”！

10个对不起

老师——尤其是带五六年级毕业班的导师，与倾注了那么多的心血朝夕相处的孩子们，六月一到便要分离。毕业了，他们得各奔东西，留下独自感伤的导师。这是身为老师的美丽与哀愁啊！

每年毕业典礼有一个传统的项目，当灯光暗淡下来，老师们在最前面点燃烛火，同学们一个接一个地将蜡烛点燃。这象征薪火相传的小小烛光，最终将充满整个礼堂，映照着大家的不舍，映照着大家的祝福与希望！

节目进行时，司仪念着一篇短短的文章，是我的作品《摇曳的烛光》。

摇曳的烛光

我把一支烛光的摇曳

给孩子们的第六课

勇气

交给了你
这样
爱就在我们之间传递
所有的，成长的难堪、欢笑与回忆
都将慢慢地、慢慢地凝聚

我把一支烛光的摇曳
种在你的心里
要记得发光、发热
要过得幸福、快乐

我留下一片烛光的摇曳
回荡在这里
这样你就不会找不到我
我们就在光华
永远念着你

——为毕业典礼“薪火相传”节目所写

不能挽留的，孩子要各自扬帆，看着他们跃跃欲试的脸庞，我常想，除了规定的进度、课程，除了写一篇文章，我还能给予你们什么？什么是最后的叮咛？什么是让大家永志不忘的震撼？

2007 年的毕业季，早就该交给教务处的毕业考题，却因为这一届我教了两年自然课的孩子们，让我离情依依，让我很难下笔。然后我做了一个大胆的决定，我想告诉孩子们：即将毕业，我们将所有的课程上完了，唯一的、还没有教你学会的是如何面对别离，如何跟你的老师说再见，如何跟相聚六年的同学、校园说再见，如何跟自己的童年道别离！

别难过，前面有更美好的世界等着你去开拓！

因此，我在毕业考卷的最后一题写着：不要空白，只要做答就有分。

> 两年相聚，缘分不浅。如果我有任何的地方引起你的不悦，我愿诚恳致歉。因为老师只是凡人。我知道自己有点脾气，我知道我不够细腻，或者我还够不上尽心尽力！但是我很努力，希望你能从我身上看到：人要有热情，要勇于跟别人不同；要不怕失败，勇敢去 try！
>
> 日月逾迈，人生几何？我的青春，又怎能回来？但你不同！你的人生正在眼前渐渐展开，就看你如何铺排！
>
> 再会！我的孩子们！再会！

接下来的一个大方块是量身定做的，我将二百多个孩子的考卷一一写上我的叮咛与祝福。

最后一栏是孩子们的回馈：现在轮到你跟老师说再见。

这是一件大工程，让我每天五点起床，总共一个星期的“加班”；并采取非常不一样的发考卷方式。我特地跟监考的老师商量，让我一班一班、一张一张地发出去。因为上面早填好了班级、姓名、座号，每个人拿到的考卷都不一样。发完考卷我早早离开，我怕，怕泪水会不听话地掉下来。

收完考卷的班长们将卷子交到我手上，每个人都是红了眼眶：“老师，我没想到你会写这个……”“老师，我们全班都哭了！”

改考卷的时候，所有的小朋友都有响应，写着感谢的话语，有的图文并茂，甚至有的向我透露原本不愿人知的秘密。改考卷改得拉上窗帘，改得涕泗纵横，我大概是第一人吧！

第二年的毕业季，又是轮到我出毕业考题。坐在计算机前心情低落，实在不知要出些什么，但还是要准备一份礼物，这次我想让大家在离别前夕，好好反省自己。有没有什么事还耿耿于怀？有没有对谁造成了伤害？有没有哪些误会应该道歉，应该及早说开？这些想法要如何传递给即将毕业的小孩？我决定从我开始，从我自己先来！

考题的设计有点不同，班级、姓名、座号置于整张考卷的最后面。最后一题是一篇文章，只要仔细看完，写上姓名、座号、二十分奉送给你！

三、仔细阅读，然后写上座号、姓名就可得分 20%

老师跟你说：“对不起！”

对不起。因为兼职组长的关系，我偶尔会迟到。

对不起。虽然我很努力，但有时候还是会控制不住脾气。

对不起。常常因为身体的影响、行政工作的心烦，某几堂课就不那么幽默有趣。

对不起。今年带了“独轮车”“闽南语演讲”等团队，所以较少更新数据，用的大多是旧的讲义。

对不起。我常责骂你们不用功，其实我自己小时候也不怎么努力。

对不起。不认真听我的课，是个坏习惯，但你不会因此而没出息。

对不起。真的很难做到公平，我对某些讨喜的孩子还是会不自觉地比较客气。

对不起。如果我用不该用的语词无意中伤害了你。

对不起。你们就要毕业，有些错来不及弥补，因为这门课我已无法再继续。

坦白地面对自己，真诚地道歉，真的有点难。但我愿意。

谢谢你们！忍受我一整年。那么再见了！孩子们！

希望你们的国中老师会更好，对你们的人生更有帮助！

这篇小小的文章我三度易稿，原本写得又臭又长，老师那好教训人的脾气又再度在字里行间飘散。我想，要道歉就要干脆，要直截了当！所以最后就只写了这“10个对不起”，外加一个“谢谢你”。不啰嗦、不矫饰，全是真心的歉意，真诚的话语。

其实这次并没有设计让学生响应，只想让他们看到老师也会犯错，犯错的老师就该反省，就该道歉，这原本就是天经地义！但学生还是回应了，有的孩子写下“10个没关系”为我的行为开脱；有的孩子也写下了自己的“10个对不起”。更有一位平时顽皮的男生写着：“老师，你真的很……但我喜欢你！”

监考的同仁事后说：“我以为都毕业考了，干吗出那么难，让全班哭成一团！”

我也是啊！看到孩子们的真情流露，即使泪眼模糊，我真的觉得，干老师这一行真是幸福！

2009年的毕业季，这一年很特别，因为我的大儿子也要毕业了。我写了五封信给五位素未谋面的知名人士，希望邀得他们的祝福。

以下是写给李家同校长的信。

敬爱的李校长：

很冒昧地写信给您，您是我最尊敬的学者、最尊敬的长辈。每次拜读报章上您的文章，总是能感受到您对社会的期待，尤其是您对弱势族群殷切的关怀！

老实说，离开学校以后，不再有老师在我们这些现任教师的背后了。常常地，我会觉得像林怀民大师所说“在大海中拼命向前游，却不知道方向为何”这样深深的迷惑。

您的著作就是解答。

从您的著作中再一次感受到身为教师的责任与荣耀。所以我有一点小小的请求：今年六月又是毕业季节了，我任教的学校学生很多，但我知道毕业典礼仍如往常是“智育成绩发表会”，备受礼赞的只有少数成绩好的孩子，其他的、大多数的孩子将只是“鼓掌大队”的一员，建议多年但无法改变这样的结果。

成绩好的孩子的努力被看到了，但我更想说，求学的路何其悠长，千万别放弃，所有有成就的人，并非都是领“县长奖”毕业的。

如果不麻烦，能不能请您为“鼓掌大队”成员说几句话？能不能请您为“鼓掌大队”鼓鼓掌？

我想如果在毕业典礼上没人为他们鼓掌，真的是很遗憾、很寂寞。国小毕业后，我自己就从来没有在毕业典礼上得过任何奖项。想给他们一个惊喜，一个终生难忘的惊喜，一份来自李爷爷的勉励！哪怕只是一句话，也将终身受用。

一位老师冒昧的请求。对学生最后的祝福，这样的用心，相信校长您能认同。

李校长谢谢您！

谨祝喜乐平安

您的仰慕者　简世明敬上

接下来是寄给朱学恒先生的信：

朱先生：

您好！

很冒昧就这样写信给素未谋面的您。

我看了您的书，听了您的演讲。“创造力是创意加上执行力！”铿锵有力，深深镌刻在我的心底。

您又说，人应该追求梦想，人不该看轻自己。您会对那些无谓的阻碍，会对那些轻视您的人大声说：“去你的大鸡排！”

我真不应该这么感动，那么轻易地被您打动！

所以我想try：一个保守的、内向的、教了十八年书的国小老师，梦想着在今年的毕业典礼上，给大家一个经典的surprise！我不要再是县长、市长致词：“鹏程万里、一帆风顺。”我不要再只是成绩好的孩子站上被礼赞的舞台！每年我们在典礼上打在银幕上的都是得奖人名单。今年我写信给五个人：博爱与关怀兼具的李家同校长、创意与执行力兼具的朱学恒先生、勇气与坚持兼具的林义杰先生……希望银幕上出现的是这些人的现身说法，或者至少是写给毕业生的勉励的话语！

如果您对自己的信念是真的，诚挚地请您回应：为本届毕业的孩子录制一些话吧！或者至少写几句勉励的语句。

我想让他们知道：

梦想可以被听见！

梦想可以实现！

梦想可以扩大到无限！

我已经提出了不同以往的“创意”，提起勇气写了信，“执行”我的想法。现在只剩……

真诚期待您的响应！

真诚感谢您的回应！

一个老师、一位毕业生的父亲　简世明敬上

*　*　*　*　*　*

朱先生：

我寄出去的信，有的石沉大海，有的直接来信回绝。

收到您那么直接的响应，真是令人感激涕零。

我会事先告诉孩子们，

朱学恒是谁，朱学恒做了哪些值得我们学习的事……

我自己从国小毕业再也没有上台拿过奖，

我永远只是毕业典礼上的鼓掌部队，
希望您拍一段谈话，告诉孩子们——
这个世界，未来的世界，无限的广大，
领不领得到毕业奖项不要紧的，
人生的奖项正在前方，等待我们去追寻。
为鼓掌大队鼓鼓掌吧，
谢谢您，现在还在感激涕零中……

国小教师　简世明

再来是写给林义杰先生的信：

林先生：

您好！

很冒昧，就这么直接写信给您。您是我的偶像。

十五年前在陆战队，每每在跑一万公尺的时候，我总是落队、被踹的那一个。因为“人矮腿短”，跑步是我最痛恨的事。

知道您的事迹后，我相当讶异。怎么会有人如此热爱跑步，怎么会有人如此以“虐待”自己为乐？

然后我再一次开始跑步。

这次没有人“踹”我了。

我认真、艰辛地跑着。努力跟自己对话，从一千、一千五百一直到现在，我可以跑六千公尺了。没人逼我，但这次我真的了解了“一个人”跑步的孤寂，还有那孤寂的美好了。

因为有“林义杰”在后面“踹”我。

如果有人可以“跑”过撒哈拉大沙漠，那么我遇到生活上的小小挫折算什么！

谢谢您告诉我们：“人是依靠勇气与坚持过活的！”

所以再一次鼓起勇气，我想试看看：今年6月17日，我的孩子要从国小毕业了。每年的毕业典礼都是荣耀“考试高手”的礼赞，那些其他的、边缘的孩子在礼堂里唯一做的事只是“鼓掌”。

请您为这些“只能鼓掌的孩子们”鼓鼓掌好吗?

请您告诉他们人生的路途那么长，“终点”还在不可见的远方！

请您告诉他们什么是“勇气”与“担当”！

请您告诉他们怎样才叫做“男子汉”！

请为他们录几句鼓励的话，或者写几句勉励的话语寄过来。我知道您很忙，但请相信，这样做是一个老师、一位父亲所能表达的最大的“爱”！

卑微的请求，请求您的许诺。

真诚地感谢！

简世明　敬上

想让学生明了，在出发前请再一次地驻足，再听一次老师的唠叨，那就是：人要勇敢！要不怕失败、要勇于追求自己的梦想！只要你的呼喊打动人心，即使不认识的人也会愿意听，也会听得到！

三个人回应了我。透过在暨大服务的简文章大哥的帮忙，李家同校长特地抽空让我拍摄了一段谈话，他殷殷地期勉："一定要把基础打好！"

我的偶像——长跑名将林义杰传真了文章给大家加油打气："只要肯坚持，就是一条好汉子！"

最后是奇幻基金会的朱学恒先生，他是第一个响应我的人，而且还在网络上办了一个征文比赛"写给当年国小毕业典礼上的自己"，网友们真情流露，文章中有缅怀、有美好、有愤怒，也有骄傲！朱先生很感人地制作了五分钟的谈话送给孩子们，从《海贼王》谈起，谈到梦想的决定与追求，谈到人生的挣扎与勇气！

2009 年 6 月 17 日，毕业典礼是在下午举行的，早上我拿着制作好的 DVD 一班班地放着，让大家感受到来自远方的祝福。下午的典礼结束，所有的老师都休息了，只有我一个人还站在校门口负责放学，这是我们生教组的工作，没想到许许多多的毕业生们拥了上来——"老师，谢谢你！如果可以，我想要那一片 DVD！"

谢谢大家，你们的参与，让这一切有了非凡的意义！

“书写你我的故事”召集令

推动阅读蔚为风气，人人都说得一嘴“阅读好处多多”的道理。无论如何，“读”的主角是孩子，我们要让他们坐得下来，读得下去。这个部分非常困难，我们要与实力强大的电玩对抗。电玩是完全没有创造性的娱乐，因为设计者掌握了所有的规则。我自己从不玩电玩，也实在不了解那么多的人沉迷其中，为的到底是什么。习惯于高速声光刺激的一代，不耐烦在书桌前慢慢地等待，他们要的是立即的反应，而不是耐心看完一本书后满足的神态。

我想了一个点子，如果说要把孩子拉回来，比较可能的方式是说故事。小朋友们爱听故事这事亘古不变，得有人唱作俱佳地演出这些故事；更棒的是，如果这些故事是真实的，是发生在他认识的人身上的，那就有可能让他放下手中的游戏杆围拢过来。你难道不想听一听老师的故事吗？或者父母的故事？爆笑的、无厘头的、悲伤的、无奈的、带着一丝丝遗憾的故事？让大人们以行动告诉孩子：不只是逼你写作文，现在让我们写给你看！

所以，我发出了如下的召集令——

召集令

阅读这件事，是重要的。

这应该毋庸赘述。

这些日子以来，大家也努力推动学生阅读，

但是我们有一个异想天开的想法：

“如果由老师写给自己的学生看呢?”

“看！这是我们老师写的故事。”

不是很有趣吗?

别说不可能，别说没时间，别说没灵感，更别说请找别人。

你，老师，就是你，我们需要你。

已经有三十二位老师慨然应允为我们的孩子写故事。

他们是：陈×主任、刘××老师、陈××老师……

期待您的加入，完成一项文学的任务。

※没有主题，不限字数。（给孩子看的嘛，也别太长。）只是想跟小朋友说一个有趣的故事。可以是虚幻的，也可以是自传。谈谈梦想，或者，生命中一个小小的遗憾。如果有机会为孩子说故事，你会说什么？九月交作品，这会是您最难忘的暑假作业！

非常努力地，我说服了一个、两个、三个老师，然后十个、二十个，最后连义工妈妈也成了我的目标——

会长赖妈妈：

一开始是个人的异想天开，却发现“一个有趣的想法可以感动许多人”。

能感动人，就是一件很令人“感动”的事。

与其抱怨世界黑暗，不如点一盏烛光！

“老师写给自己学生读的故事”，就快要实现了。

那么，如果有可能，“父母写给自己孩子读的故事”，

可不可以随之诞生？

感动孩子，毋宁说感动自己。

“对自己的孩子说故事”，您会说些什么？

这是一个与自己对话的契机吧！

可以虚构，可以寓意，可以是家族世代相传的价值，甚至是平常说不出口的叮咛。

一个希望，一个未完成的遗憾。

期待您的加入，感动更多、更多的人。

一直到最后，总共有三十二位老师与许多义工妈妈答应加入我倡议的“故事团”，这真是令人振奋！要结合这么多老师、家长共同完成一件事是相当艰巨的挑战啊！我给大家两个月的时

间，刚好经历一整个暑假，就算是一次难忘的“暑假作业”吧！

开学了，我成了人人逃躲的对象，一直撑到十月、十一月……直到最后有一位主任、四位老师，外加两位义工妈妈完成他们的许诺，顺利地交稿。其他的人则说很忙，没空，文笔不好，不知该写些什么……

果然要求学生容易，要求自己很难。我想下一次当我们要求学生写作文，而学生说：很忙，不知该写些什么，写得乱七八糟，文笔不好……时，老师也可以多给一些宽容。

我也学到了，身为老师也需要鼓励，没有激励，只凭借一股热忱，希望大家共襄盛举本来就很难！但我还在等待，希望会有更多的人交稿来，更希望所有的朋友可以明了：要孩子学会一件事，最快的方式是“做给他看”。

书写真诚、书写自然、书写自己，我们不是作家，也不需要求孩子是作家，但要有能亲近、使用文字的好习惯。

大家一起来吧，鼓起勇气，写下您的故事，告诉您的孩子！

“不切实际”追梦去

一位执医的高中同学，当年两人争执的时候，争不过我，悻悻然地说：“你就是这样总是空想，纸上谈兵，不切实际！”轮到我一时语塞，无话可说。

是的，跟他比起来，我的成绩那么差，有什么资格谈论？毕业后，高中同学多不曾联络，不知道陈主任是否还记得“不切实际的我”？

当了老师依然故我，看到职场上的矛盾，看到人与人的竞争。这工作很挣扎，调皮的孩子我不能打骂，还得跟父母称赞：您的孩子很有点子、很活泼！应付不完的公文、应付不完的考评，还有堆在桌上等着我去关怀的作业、簿册；生活与工作，压抑与寂寞，在这狭小的空间中来来去去，在不同的教室间穿梭，有时会觉得冷，会觉得这工作一点都不神圣！

我们被教导、被告知，很快地学会了怎么做才是最实际的。这是专业的、职业社会化下必然的结果，很无奈，总是别人说了算！而我们心中的期待与呐喊，“说过了就忘了”！

英国名将纳尔逊小的时候，某一天下起了大雪，小纳尔逊只想玩雪，不想上学。父亲说：“怎么可以？我带你上学去。”一路上他蹦蹦跳跳、东看西瞧，快乐得很，不安分得很。父亲突然停下脚步：“儿子，往后看，你看到雪地上的脚印了吗？我的脚印是一条直线，笔直向前，而你却是东奔西跑、凌乱不堪！孩子，如果不挺直胸膛，直直向前看，是不会有成就的啊！”这位名将当下了然。他发誓长大后，绝不要像父亲一样！他要左看右看，这样才不会错过任何有趣的地方！

而我错过了更多、更多。烦了，工作时的怠惰！累了，每天面对送到学务处来等我处理的孩子，那些反复训斥的过错！那些原本看得到的风景呢？在这条路上的“鸟叫虫鸣”呢？春花秋月、凉风冬雪，我都忘了，我忘了看，忘了纳尔逊原本凌乱却幸福的步伐！我失去了勇气。在心情最低落的时刻，我写了一篇辞去生教组职务的签呈。

陈校长钧鉴：

职自担任生教组一职以来，虽勉力任事，但绩效不彰。究其原因，其荦荦大者，大要有四：

一、欠缺能力：所以鲜少独立作业，常需希求他人，思之汗颜！

二、欠缺历练：是以待人处世，圆融不足。见罪于同仁而尚不自知！

三、欠缺健康：睡眠不佳、肠胃宿疾，牵缠日久，人所共知。

四、志趣不合：自知斗筲之器，不堪委用，在行政工作方面从不曾有任何规划。

综观以上数论，如果觍颜续任，难免予人驽马恋栈豆之讥！究其实，自然科任甚或带班导师方为适才适所。

人生贵适志，汲汲何营求？幸得无烦忧，呼伴秉烛游！尚祈

钧长　俯允

生教组简世明　敬上

6月14日凌晨、夜深　秉烛西窗
书未竟而心渐空明　如释大石

结果校长只对我说："你文笔不错！继续努力！"

清明节的祭祖，照例兄弟都要回家参与的，二弟一年回家没有几次，大概只有清明与过年吧。站在曾祖父的墓前烧着纸钱，忍不住诉说心中的低落，二弟却只是笑着，小我一岁的他比我更多了一分世故与圆融。他说："我天天要面对地主、包商、业主，不同单位、不同的人、不同的要求与需索，薪水不高，老板要求却很高！比较起来，当老师单纯许多，建筑师才真的不是人干的啊！"

小弟凑上一脚："每次拿着个包包，大陆、东南亚……全世界到处跑，工程标到了，一通电话回公司，可以听到台湾这一头震天的欢呼！如果竞标输了呢？就可能有几个同仁要面临裁员，面临'走路'，我的压力才大啊！"

我想通了，既然非得上学校，我也要蹦蹦跳跳、东看西瞧！开始看清楚了笔直努力地向前奔走，却一直抱怨、一直不开心、一直深陷雪地里，很"实际"却不是我要的。所以我去学独轮车，大家都很讶异。天天工作都累死了，还学什么东西？但现在独轮车队屡创佳绩，到处教人骑车也非常满足、非常有趣。

我学闽南语演讲，发现别人看不起的，方才是最重要的、神圣的宝藏！我尝试写了广播剧，也拿到"看谁在说话"交通安全广播比赛台湾第一，作品的名称很特别：“头文字·乌龙 D”！参加税捐处的简报比赛拿到五千元奖金。人生中的第一首小诗《兀》，获选“南投县儿童文学选集”。开始画绘本，自己写自己涂鸦，居然有朋友欣赏，还帮我出版。这些都是四十岁之后发生的事。不甘寂寞吧！我想是的。最后我还到国中、图书馆演讲，到彰师大与同学们“对谈”。我会害怕，也会紧张，因为知道自己是那么平凡。

不过《海角七号》的导演魏德圣说得好：“男人总要做一件值得说嘴的事！”魏导好强！他又说：“做事要带一点愤怒！”我的愤怒是：退休后，绝对不要只剩下“退休金”。

我就是“不切实际”，布兰妮要怎样？

人因鼓舞而奋发

刘慕琪小姐是学校的义工，送给我一本自己写自己出版的书，内容是她的父亲刘伯伯传奇的一生。刘伯伯曾加入“抗美援朝”的军队，后来被吸收为情报员，整个过程简直比电影还精彩。最后，刘伯伯的积蓄因投资不利，又慷慨地资助同袍而花用殆尽，而以加油工的身份退休。

这样丰富跌宕的一生，不是生长在承平时代的我们所能想象的。刘伯伯机智、忠诚的硬汉形象很难让人遗忘，所以我打了通电话给慕琪，反复致意、殷殷劝说：应该将这本书寄给各大出版社、“国防部”、退辅会……想到谁就寄给谁！不能只作为家族的留念，要重新出版，要让后代知道这个大时代的故事。慕琪支支吾吾，一定是心想：这……这可能吗？

两个月后在早餐店巧遇慕琪，她兴奋地说：“才寄了两本，就有出版社表明意愿，重新出版！”所以啊，有勇气尝试才有成功的希望！

“我在写第二本书，这次是写自己的故事。”

“鼓励”成就一件事，真是太好了！

因为许多人经常鼓励我。萧喜芬小姐与赖可人老师夫妇总是对我说：“阿明，你可以的！”找我加入“说故事人协会”，安排演讲、推荐绘本，为我寻找舞台。

独轮车厂的黄建仁老板到处捐车，然后请我与志中老师去教车，每一次听说我又做了什么新鲜的蠢事，他总是说：“啊，赞啦！”

林丽娥教授则是偶然认识的。2008 年的暑假，几个台风过后，她借用我们学校“晒书”。真的是晒书啊！铺满整个礼堂、操场，一眼望去只见一片书海，她却指出这些泡水书只是其中一小部分的收藏。太令人吃惊了！我们所知道的真的不及人家的一点零头啊！林教授的专长是“先秦诸子思想”与“书法研究”，对佛学也有深湛修为。在我眼中，她是一位开启智能的“善知识”（能教导正道之人——编者注），她却常鼓励我：“你也是，你是令人感动的善知识！”

罗家玲教授是我太太的家长，她又是另一种典范。站在她瘦小的身旁，就会觉得温暖，觉得天不会掉下来，就算掉下来那又怎样？她在辅导与谘商领域耕耘多年，有许许多多的成就与体验。对我来说，她亦师亦友，引导我自我觉察，知道下一步该怎么走。罗教授辅导的例子太多，接触过许多最不堪的故事、最深沉的哀伤，真不知道她的双肩如何能担当？所以力量不是来自体格，是来自坚持的信念。罗教授对我的绘本很欣赏，拿到班上讨论，还邀请我到系上演讲自己的作品。

人会因为漠视而枯萎，因为鼓舞而奋发！

即使是老师，也需要别人的鼓励与赞美。每一张学生与家长写给我的卡片，我都会一直留存着，这是人生最美好的一部分。

下面这封信是我的家长黄丽芳老师写的，保存了将近十年，写得那么真挚、那么殷切，看到这张卡片会让人不敢松懈，再度地，面对困难的勇气油然而生！

简老师：

一部不寻常的惊世之作和三张精彩的CD，

送给一位不寻常的另类老师。

感谢您给小儿的一切，

最深的教育不见得能显现在升学的考试成绩上，

可是您的用心，我们看得见。

您的自信、热情、独立思考、创造力，早已深植学生心中。

有什么比这些重要呢？

而我们要如何才能表达身为家长的感激和感动呢？

所以，鼓掌吧！请接受我们的掌声，亲爱的老师！

郑×的爸爸妈妈　敬上

2000年6月20日

我总说自己是搜集感动的人，用感动缀满星光闪耀的夜空。

各位“孔子职业公会”的会员们，请相信，一定要相信，这世界会因着我们的付出而更加的美丽！

如果天一直不亮，起码还有我们，还有星光闪耀的夜空。

结语

梦想该起飞了！

不知该写些什么，想着、写着，居然也到了尽头。

我想说的是：生命教育或者品格教育都不是一个“课程”，而是一个“体验”。不应该发展成一个个的“教案”，然后大家跟着教，学生就会很有品格、就会明了。孩子需要在成人身上“听闻”、在生活中“浸润”，久而久之“品格”自然上身。

感谢父母与弟妹的宽容，我才没有因为叛逆走入崎岖的道路。感谢师长的尽责培育，记住你们在我身上所施予的，就是今天我教导学生的动力。感谢朋友、同事的鼓励，有了这些路才走得下去。感谢内人的奉献，她从不问我做什么，只是在一旁默默关心我的身体。感谢在写书期间两个儿子容忍我阴晴不定的情绪。总是希望他们更好、未来更有出息，因为儿子是我生命的延续，但不能强迫他们，只能留下美好的故事，让他们以后能了解，他们的父亲曾经很努力、非常努力！还有志中老师，总在我的身边给我支持、给我勇气。说不出口，就把感谢的话语写在这里。

这段日子，在空堂、下课等时间努力地写稿。有一位小女孩总是跟前跟后，一直希望先睹为快，天天在身旁游窜，简直把老师当成干爹了。有一天跟她的妈妈谈起，妈妈轻轻地回应：因为爸爸得了忧郁症，已经很久没有跟她坐下来好好说话了。那原本最疼她的爸爸啊！老师一直对她很和善，也许她心中将老师当成了一种替代。没有人知道这件事，她独自忍耐了那么久！每个人，即使是小朋友，都有不为人知的伤痛。我们付出应有的关怀了吗？

这段日子，我还是维持着到处教独轮车的生涯。每个礼拜到彰化县教着三个国中的中辍生，他们都快要学会了，结果接到该校戴老师的电话，其中一个孩子因为某种原因被社会局安置而离开学校了。我想，终其一生，再也没有机会教会他骑独轮车了，只留下了一个未完成的遗憾。

孩子们，希望这本书让你有所感动、学会关怀，然后就要去付出血汗、去追逐梦想！别忘了：宽容、尽责、奉献、公平、尊重与勇气！

别让自己留下太多的遗憾！

师长的鼓励

只要努力，一定有用到的一天

洪聪明

日前到光华国小教学生玩扯铃，临去时，忽见世明老师以雀跃的脚步追上我，面露喜悦、语带兴奋地说："洪校长！我要出书了！"这种脸色泛光、喜悦溢于言表的举动，使我联想到许多小朋友第一次学会把独轮车骑出去时的高兴模样。

"噢！真的，好厉害，那要恭喜了！"真心为他高兴。

"我有把您的事情写进去哦！"嘿！好朋友有福同享。

"哦！那一定是写我的好事情啰！"表示他一定很尊敬我。

"抱歉啦，我事先没有征得您的同意，我是写您上一次讲您地震时亲自清理厕所大便坑的事，这件事令我非常震撼。"

"哦、哦……这好吗？"竟然把我不能言传、难登大雅的秘密写出来了。

心中嘀咕：我过五关斩六将的丰功伟绩很多，您竟专挑这个写。（夸张地想。）

"我知道您有很多优点、专长值得提，但那一件事的确令我很震撼！"聪敏的他似乎洞悉我在想什么。

"让我想想……"我还是有点犹豫，要不要答应给他登，因为我怕遗臭万年哪！万一他的书大卖的话。迟疑了一下，心里的结终于打开，我不入地狱谁入地狱。

“好吧，反正……如果那确是一件好事，就……不过，不知能不能先让我过目你帮我写的这一段?”我不太情愿地勉强答应了，但不放心他写的内容。

也因此，他把大作完整寄给我，让我有幸先睹为快。

时下青年一辈，包括年轻老师，自小被宠溺惯了，很少做脏臭辛苦之事，总是避之犹恐不及。养尊处优、好逸恶劳是通病，常令我们这“老一辈”的忧心忡忡。

要说臭，其实每个人每天都是臭的制造者呢！

世明老师应是看到我这异于寻常的举止，触动平常的同感，有心人才会起了震撼。或许他认为我这不以脏臭为耻的动作，可作为教育上这一块的教材良方吧！

犹忆多年前的暑假，我到新庄国小教学生骑独轮车，世明老师也带他的小孩和学生慕“明”而来，当时和他只是初识。他在一边旁听学习，对我的教学不时颔首，似有领悟。但短短几天的努力学习，虽有进步，还是没法成功骑出去。我以经验鼓励他：“大人比小孩学得慢，我是一个多月才学会的，你如果一个月内学会，就胜过我了!”摸摸他的肩膀，相当结实，我知道他是硬底子，一定可以学得会。

约过了半年多，我们假日在北投国小玩扯铃，世明老师也和孩子带独轮车来，皇天不负苦心人，他果然学会了，但骑乘的姿势还是歪歪扭扭的。大人能学会都很不简单，大人比小孩笨拙得多。

时光易逝，不知又过了多久，他又来和我们一起玩，令我非常惊讶的事发生了，不但车姿端正纯熟，前进后退自如，一些类似极限运动的拉跳等动作也都会了。真是士别三日，当刮目相看。

不止此也，他带动学校师生练习独轮车，组织教师独轮车队参加全县比赛，夺得许多佳绩，同时也乐于加入裁判行列，为民俗体育的推广尽更多心力。

又过了一段时日，知道他到过多所学校和辅育单位，甚至跨县去传授独轮车技，我心中暗暗佩服，乐见他的青出于蓝。

闲谈中，世明老师告诉我，学习独轮车的辛苦与成功过程，是他人生非常重大的突破。不怕辛苦，不怕流汗，不怕失败，不断地过关破关，这样获得成功的果实最甘甜。深入了解了自己，对自己更有自信，人类的潜能被充分地开发。恭喜你，世明老师，“有志竟成”所言不虚。

世明老师把自己的人生观、教学理念、学习经验化为章节题目，这里面有他宝贵的创意教学方式、辅导成功案例及自己学习成功的经验。更把教育环境、教学生涯所见所闻，值得一提堪为典范的许多不为人知的事迹，有心地搜集，像史官般地记载，大方地集结出书面世与人分享。

此书记载了他人生的精华，是教育工作者不可多得、值得借鉴的宝典，我认为可作为新任教师必要的参考书，减少教学生涯凭空摸索的路途。

这本书起了一个很好的领头作用，教育界人才济济，好的教学方法、辅导成功案例、学习成功的要领、杏坛芬芳的事迹很多，大家如能不敝帚自珍，乐于互相分享，创作付梓，互相欣赏流传，国人的教育历程会少走许多冤枉路。

前辈的提携铭言，一生可以受用无穷。在一次幼童军木章基本训练的场合，犹记得与林国梁校长同乘小艇，在河边悠闲晃荡间，林校长拿他的座右铭“功不唐捐”勉励后进，告诉我其深意，并举了好几个亲身的实例。成语的意思是：只要努力，不会白费，一定有用到的一天。这句话对我的影响很大，努力上进不必犹豫。言犹在耳，应可印证世明老师书中的内容。

（本文作者为前南投县国小校长）

师长的鼓励

送花人手有余香

黄清辉

1993年2月，我从南投高中退休时，校长要我在结业典礼中讲几句话。我行礼如仪，讲了十分钟。除了略述《万世师表》电影中彼得·奥图饰演的那位终身奉献教育、无怨无悔、以校为家的老师，以及部分剧情，借以表达“虽不能至，心颇向往之”的自我期许，还说了老生常谈、平凡无奇的教育理念：

一、教育无他，爱与榜样而已。

二、教导学生做人，远比灌输他们知识重要。

三、给他鱼，何如给他钓竿，教他钓鱼。

此外，也未能免俗地给学生了几句赠言：

一、学生准备好了，老师自会出现。

二、上天如果把我们的门关上了，一定会为我们打开另一扇窗。

三、我们不能改变眼前的风景，却可以调整自己的心情。

四、请把头上的灯光提高一点，照亮不幸者前面的路。

五、设身处地，无往不利。要看重自己，也要尊重别人；要力争权利，更要善尽义务。

六、送花人手有余香。多给掌声，少给嘘声。好风水不如好喙水。

七、真正的富有不是钱财多，而是阅历多。少年得志大不幸，不要短视近利，好逸恶劳。

这些都是我的由衷之言，听起来也宛然头头是道，但坦白地说，这不是我真正的感言。

当时，我真正的感言是：“当了将近三十四年的老师，我现在才知道自己不会教书，没有把老师的角色演好，没有把学生教好。”可是我不敢据实以告，怕人家说我矫情。

换做简世明老师，他一定敢说，我相信。

比起简老师的教学方法，我那些所谓的理念简直是泛泛之论。

今年六月十日早晨，我打开电视看新闻时，播报员正引述某报报导，说最近网络流传一份“老师跟学生说对不起”的国小自然科毕业考题。那位老师以看完就有二十分的送分题向学生悔过。考题共出现10个“对不起”，希望学生原谅他“偶尔上课迟到”、“发脾气”、“用旧的讲义”、“用不该用的语词无意中伤害了你”……我当时没听清楚那位老师的名字，只听到“南投……光华国小”。我跟内人说：“一定是简世明老师！”

果然是他。

有理念、有创意的老师谅不在少，但像简老师这么热情洋溢、不落窠臼、生死相许，又剑及履及、身体力行、勇于落实的，恐怕不多。

那批写“看完就有二十分的送分题”的学生今年读国二，我认识几个。最近问他们，当年看到简老师这种命题是什么感觉？他们登时神情肃然，正襟危坐。其中之一说：

“先是惊讶，接着感动。”

“会不会觉得老师穷极无聊、搞怪耍帅？”

“不会！”

“真的有人哭吗？”

“有，好几个。”

那个学生彬彬有礼，说的时候眼眶泛红，我肯定，感动得流泪的，有一个是他。

教亦多术，简老师用这种另类的方法教导学生谦逊正直，不言而化，肯定比千言万语有效，而且影响久远，学生的生命有多长，影响就会有多长。

我和简老师相识是在 1994 年。那年他指导的学生陈歆旻获得南投县闽南语演说国小组第一名，要代表南投县参加台湾语文竞赛，他认为自己讲的台语不够地道，通过我的同乡翁霖慧老师推介，来找我协助。我却之无由，因为他很谦冲，执礼甚恭，同意我大力删改他的稿子。

“怎么改都可以。请老师尽量改！”他说。

我的稿子收放开阖、前后照应的设计，他都能心领神会、频频击节、再三肯定。我和他闲聊时谈到的一些概念，诸如“花不都是香的”、“送花人手有余香”、“劳者多能”，他也赞许有加，与我契合。我感受到了他与人为善的特质。

他不止乐于与人为善，还是一个乐于学习又学得很快的人。

其实，我从他身上学到的更多。

我初执教鞭时，自矜自是，迷信品管，罔顾人性，对成绩差的学生不假辞色，虽然也给他补考的机会，但坚持“数多不过三”，三次补考还是不及格，我就当了他，自以为问心无愧。有好几个学生因此留级，其中一两个也许羞愧，也许无力再缴学费，竟然中断了学业。

我当年实在太昏聩，没有想到“蚂蚁不论多么努力，也酿不出蜂蜜”、“某方面是巨人，其他方面可能是小卒”的道理，也没有“上天如果把我们的门关上了，一定会为我们打开另一扇窗”的概念，否则，我应该体谅那几个学生，他们一定设法努力了，奈何就是读不来，一时开不了窍。至少我应该帮他们寻找那扇窗。

清夜扪心，我常常为当年的颟顸无知、缺乏耐性辗转反侧，愧憾交加。

我确信简老师退休的时候不必讲“当了将近三十四年的老师，我现在才知道自己不会教书，没有把老师的角色演好，没有把学生教好”这种感言，他更不必在午夜梦回时辗转反侧。

只恨太晚认识简老师，太晚看到这本书。

（本文作者为前南投高中老师）

师长的鼓励

你看的不只是别人的故事

罗家玲

如果你不甘只是“经师”而欲为“人师”，这本书可以说明成为“人师”的条件是什么；如果你正为台湾的教育感到失望迷惘，这本书可以让你发现有人视教育的本质不在于为孩子复制大人的人生，而是愿意温柔而坚持地守候孩子创造属己的人生。

这本书的可贵之处在于取材真实不虚，故事不在远方或想象，却在眼前和周遭，示范的是，你也可以和作者一样，与其感叹时不我与，不如由最亲近的人事物着手，一旦实践内心的至善真爱，借着蝴蝶效应，你将发现自己身处的生活世界开始蜕变。

在我多年的辅导与教育工作经验中发现，人生际遇没有好坏优劣，只要有心，一切都是最好的安排与祝福。所以问题不是用来被解决的，而是用来发现的，发现超越自我或习性之外的可能是什么，真理是什么。当人具备这样的“视力”，就能得到最大的平安，自然所向无敌、无所忧惧。至于，如何去发现？本书提供了极佳的典范正邀请你一起来试炼。请相信，你的宝藏也会被开启，你会开始为自己与关爱的人创造新的故事。如果如此，此刻，你看的已经不是别人的故事，而是在为成为真我的路途上预写自己的故事。

（本文作者为彰化师大教师）

版贸核渝字（2010）第 100 号
图书在版编目（CIP）数据

老师的 10 个对不起 / 简世明 著. – 重庆：重庆出版社，2011.8
ISBN 978-7-229-04236-3

Ⅰ.①老… Ⅱ.①简… Ⅲ.①家庭教育 Ⅳ.①G78

中国版本图书馆 CIP 数据核字（2011）第 132861 号

老师的 10 个对不起
Ten Apologies from a Teacher
简世明 著

出 版 人： 罗小卫
策　　划： 华章同人
责任编辑： 陈　丽
特约编辑： 刘美慧
责任印制： 杨　宁
封面设计： 熊琼工作室

重庆出版集团 重庆出版社 出版
（重庆长江二路 205 号）
北京中印联印务有限公司　印刷
重庆出版集团图书发行公司　发行
邮购电话：010-85869375/76/77 转 810
E-mail：bjhztr@vip.163.com
全国新华书店经销

开本：880mm×1230mm　1/32　印张：6　字数：108千
2011年11月第1版　2011年11月第1次印刷
定价：23.80元

如有印装质量问题，请致电023-68706683